아시아 공공신학

EDITED BY FELIX WILFRED
THEOLOGY TO GO PUBLIC

Published by the Rev. Dr. Ashish Amos of the Indian Society for Promoting Christian Knowledge (ISPCK), Post Box 1585, Kashmere Gate, Delhi-110006.

© FELIX WILFRED, 2013

Translated by HWANG GYUNGHOON
Korean translation copyright © 2021 by Benedict Press, Waegwan, Korea.

Korean translation rights arranged with FELIX WILFRED.

아시아 공공신학

2021년 10월 20일 교회 인가
2021년 12월 2일 초판 1쇄

지은이   펠릭스 윌프레드 외
옮긴이   황경훈
펴낸곳   성 베네딕도회 왜관수도원 ⓒ 분도출판사
찍은곳   분도인쇄소

등록   1962년 5월 7일 라15호
주소   04606 서울시 중구 장충단로 188 분도빌딩(분도출판사 편집부)
            39889 경북 칠곡군 왜관읍 관문로 61(분도인쇄소)
전화   02-2266-3605(분도출판사) · 054-970-2400(분도인쇄소)
팩스   02-2271-3605(분도출판사) · 054-971-0179(분도인쇄소)
홈페이지   www.bundobook.co.kr

ISBN   978-89-419-2114-1 94230
            978-89-419-9751-8 (세트)

아시아 신학 총서 12

아시아 공공신학

펠릭스 윌프레드 Felix Wilfred **외**

황경훈 옮김

분도출판사

차례

50년 전 변방 출신의 촌사람 마틴 루터 킹 목사는 "나에게는 꿈이 있
습니다"라는 역사적 연설을 했다. 이 연설은 세계의 양심을 뒤흔들
었고 동시에 전 세계 소외된 이들에게 희망을 불어넣었다. 미국 역사
에서 마틴 루터 킹 목사는 미국을 심대하게 변화시키는 데 현격한 공
을 세운 이들 중에서 토머스 제퍼슨과 에이브러햄 링컨에 비길 만한
인물로 여겨진다. 아프리카계 미국인에 대한 노골적인 차별과 시민
권이 부정되는 상황에서 마틴 루터 킹은 성경을 손에 들고 인종차별
정책에 맞서라고 공개적인 행동을 촉구함으로써 피억압 민중의 잠
재된 힘을 일깨울 수 있었다. 마틴 루터 킹이 당시 미국 사회의 인종
차별에 맞서 행했던 것이야말로 실은 공공신학이라고 할 수 있다. 남
아프리카의 데스몬드 투투 대주교가 그의 신앙을 바탕으로 인종차
별정책을 끝내자고 목소리를 드높였을 때, 그 역시 공공신학을 하고
있었다. 또한 동티모르에서 카를로스 벨로 주교가 폭력이 난무하는
분쟁 상황에서 동티모르인에게 평화와 안정을 이루라고 요청했을
때도 역시 공공신학을 수행한 것이다.

그러나 불행하게도 인도 그리스도교 공동체는 소수민 문제에 지나치게 매달리고 있는 반면 국가 및 민중과 관련된 더 큰 문제를 논의하고 담론을 만들어 내는 데에 거의 관심을 두지 않았다. 과거에는 그렇지 않았다. 그리스도인은 독립을 위한 투쟁에 그리스도인이 참여하는 것을 연구하고, 또 국가가 직면한 여러 문제와 여러 다른 정책에 관해서 활발하게 논쟁에 참여했다. 여러 문제에 대한 건강하고 다양한 관점과 의견이 제시되었다. 오늘날 우리가 직면하는 인도의 모든 영역에서 매우 중요한 것은 종교의 경계를 넘어 모든 시민과 함께해야 하는 공동 문제에 관심을 돌리라는 절박한 요청이다. 바로 여기에서 공공신학의 실천은 커다란 힘이 될 수 있다. 신학은 처음부터 끝까지 철저히 공동체적 성격을 띠며 전문 신학자는 단지 공동체에 도움을 주는 구실을 할 뿐이다. 이러한 의미에서 인도 전역의 그리스도교 교회는 신앙의 빛으로 국가와 민중이 관련된 일에 참여해야 할 필요가 있으며 또 공공신학을 실천할 필요가 있는 것이다.

2011년 9월 첸나이시에 있는 '아시아 문화 연구 센터'에서 공공신학에 관한 토론회를 마련한 것은 아주 시의적절했다. 이 센터는 연구와 조사, 실천을 위한 공적 현안을 찾아내는 데에 적극적으로 매진해 왔다. 이 토론회는 널리 알려진 신학자와 다른 학문 분야의 전문가를 불러 모았고, 토론회에서 발표한 논문을 간추려 한 권의 책으로 묶어 냈다.

이 자리를 빌려, 조사하고 연구하여 이를 원고로 완성해 제출해 준 모든 저자에게 진심으로 감사의 말을 전한다. 이 센터의 조세핀 파키암Josephine Packiam 총무는 원고를 취합하는 데에 귀중한 도움을 주었으며 *Concilium*의 니말 앤소니 다스Nirmal Anthony Das는 원고를 꼼꼼하게 손보는 데 큰 힘이 되었다. 이 둘의 탁월하고 신뢰를 준 업무 처리에 감사한다. 나의 학생이었던 메리 존Mary John은 치밀하게 교정을 보았고 색인 작업에도 도움을 주었다. ISPCK의 아쉬쉬 아모스Ashish Amos 박사와 엘라 소나완Ella Sonawane은 항상 친절했고 원고에 대해서도 호의적이었다. 진심으로 감사드린다.

2013년 8월 28일
마틴 루터 킹의 역사적 연설 "나에게는 꿈이 있습니다" 50주년 기념일에
첸나이 아시아 문화 연구 센터에서
펠릭스 윌프레드

서론

펠릭스 윌프레드Felix Wilfred

공공신학은 대체로 아시아 신학, 특히 인도 신학이 아직 가지 않은 미지의 영역이라고 할 수 있다. 과거 수십 년 동안 인도 신학은 그리스도 신앙의 맥락화, 선교, 종교 간 대화, 해방 등에 관한 혁신적인 생각들에 힘입어 융성했으며, 여러 다양한 형태의 신학이 태동하게 되었다. 이러한 신학들은 전 세계 신학담론과 논의에 커다란 공헌을 하였다. 그러나 이제 인도 안에서 또 인도를 위한 신학뿐 아니라 인도와 함께하는 신학, 곧 모든 사람과 모든 교회와 함께 우리 시대의 도전에 응답해야 하는 신학을 할 때이다.

공공신학은 종교적 믿음과 신념에 고무되어 가난하고 소외된 이들의 해방에 참여하고자 하는 모든 이에게 열린 장을 제공한다. 그리스도인에게 하느님 나라의 전망은 인간 삶과 사회라는 주제, 또는 세계와 자연이라는 주제와 같이 모든 이의 관심을 불러일으키는 문제와 질문에 대해 인간 삶의 모든 양상과 대화하고 상호작용할 엄청난 가능성을 지닌 공공신학의 커다란 지평을 연다. 공공신학은 다른 이와 해방, 윤리학의 주제에 대해 함께 토론하고 미래의 공생을 위한 이상 사회와 대안을 모색한다.

　　공공의 관심사는 또한 신학의 관심사이기도 하다. 공공신학에 대해 말할 때 우리는 '공공적인 것'을 인도와 아시아에서 우리가 하는 체험의 맥락 속에 위치시킬 필요가 있다. 자칫 이 공공적 성격이 중산층과 상층계급의 가치를 바탕으로 하는 부르주아적인 것으로 여겨질 위험이 있기 때문이다. 우리의 맥락에서 우리가 말하는 대중은 모든 사람을 포함하는데, 특히 사회에서 소외된 이를 의미한다. 사회의 바닥에서 살려고 발버둥치는 이들에게 일어난 것은 단지 이들만의 문제가 아니라 일반 대중의 문제이기도 하다. 빈곤을 오직 가난한 사람들과 관계된 것으로만 이해해서는 안 된다. 빈곤이 공공의 문제이듯이 이주의 문제도 그러하고 또 인신매매나 카스트의 차별 등도 마찬가지다. 사회 전체가 이러한 상황에 책임이 있으며 공중이 이러한 문제에 응답하지 않는다면 사회의 질은 나아지지 않는다. 우리는 공공의 문제를 우리의 다종교 상황 안에서 구체적으로 적시할 필요가 있다. 공공신학이 다루는 문제는 모든 종교의 울타리를 넘어선다.

공공신학은 고립된 학문이 아니다. 사회과학과 인문학 여러 분야도 함께하려는 노력을 기울이고 있다. 첫 장을 쓴 로웨나 로빈슨은 공공사회학이 의미하는 바를 설명한다. 마이클 부라보이를 언급하면서 로빈슨은 사회학이 단지 차갑고 중립적인 학문이 될 수 없다고 말한다. 사회학은 참여적 동반자로서 사람의 삶에 영향을 주는 문제에 뛰어들 필요가 있다. 그는 독립 이후의 시기에 사회학자들이 전문 지식을 국가 건설과 발전이라는 관심사에 관련시켰을 때 일종의 공공사회학을 목도한다. 공공사회학에는 나름의 비평가들이 있고 사회학이 전문 학문으로서 중립성을 유지해야 한다고 보는 반대자들도 있다. 공공사회학은 사회학자들 사이에 토론과 논쟁을 유발했다.

로빈슨은 해방신학의 발전을 추적하고 이 신학이 공공사회학과 비슷한 일을 하고 있다고 상상한다. 곧, 해방신학과 공공사회학은 공적 특성을 띠고 공적 지원을 하며 동시에 이에 대해 질문한다는 것이다. 그는 "아시아에서는 공공신학을 위해 많이 노력한다. 이를테면 정의, 현저한 경제-사회적 불평등 감소, 사회-정치적·종교적 분쟁 해결을 위한 일 등이 그러하다"라고 말한다. 로빈슨이 지적한 매우 중요한 논점은 공적 문제를 다루는 데서 정서의 구실이 중요하다는 것을 환기하는 점이다. 그는 문제에 단지 이성적으로 접근하는 것은 적절하지 않으며 따라서 이성적이지 않은 측면도 공공신학으로 끌어들일 필요가 있다고 보는 것이다.

공공신학은 '비이성적인 것'을 위한 공간을 '공적인 것' 안에 자리 잡게 할 뿐 아니라 모든 이에게 전달될 수 있는 언어를 말하게 하고 '국가'와 '사회'가 대화할 수 있도록 '정서적인 것'을 설득하는 작업으로 보인다(본서 35쪽).

공공신학은 공론장 안에서 대화를 통해 사람들, 특히 '목소리 없는 이'의 고뇌와 느낌을 들으려 한다. 공공신학이 참여할 필요가 있는 분야가 있는데 이를테면 '힌두 근본주의 세력'의 공개적인 위협 같은 문제가 그것이다.

　K.C. 에이브러햄은 이 책에 실린 그의 논문 「아시아 공공신학: 그 사회적 자리」에서 데이비드 트레이시가 말한 신학의 세 자리, 곧 교회, 사회, 대학을 다룬다. 에이브러햄은 인도 신학과 신학 교육의 장점과 약점을 분석하면서 인도 신학자가 공적 주제에 대해 많이 발언하고 글을 쓴다고 인정한다. 그러나 그는 공적 주제가 논의되면서도 어떻게 교회 안에 머무른 채 더 큰 대중적 집단에는 이르지 못하는가를 적절하게 묻는다. 그는 신학이 이루어지는 사회적 자리 안에서 이 문제를 보고 있는 것이다. 대부분의 신학은 사목자와 사제를 교육하는 교회 관련 기관이나 신학 교육기관 내에서 다루어진다. 에이브러햄은 사회적 통찰이 신학에 통합되어야 한다면서, 이러한 통합은 신학이 학제 간 연구 방법을 추구할 때 가능하다고 제안한다. 또한 학제 간 접근 방식이 공공신학에 꼭 필요하며 공동선에 중점을 두는 것 역시 중요하다고 본다. 결론 부분에서 에이브러햄은 인도

공공신학의 미래와 관련해 몇 가지 점을 지적한다. 그 가운데 다원주의 촉진과 하위주체(subaltern)의 관점 수용을 예로 들면서 에이브러햄은 이렇게 말한다.

> 인도와 아시아의 공공신학은 하위주체의 관점을 확고하게 견지해야 한다. 우리가 실천에 투신함으로써 신학적 패러다임에 일으킨 인식론적 파열은 하나의 순수한 성취다. 사실 이 관점은 다른 학문들과 교류하고 비판적인 교회일치 신학을 발전시키는 데 도움을 준다 (본서 51쪽).

아시아 신학의 미래로 공공신학에 대해 말하고 있는 제3장에서 나는 '공적 삶을 위한 신학'과 공공신학을 구분한다. 예를 들어 제2차 바티칸 공의회 문헌은 교회가 정치, 경제, 문화 등의 분야에 참여하도록 영감을 준다. 이러한 참여는 적절한 신앙적 성찰과 동기에 의해 지지된다. 공공신학은 바로 이러한 종류의 '공적 삶을 위한 신학'과 다르다는 것이다. 공공신학은 모든 사회의 구체적인 상황에서 시작한다. 물론 거기에는 신앙을 바탕으로 응답하는 노력이 있고 또 다른 이들, 이를테면 다른 종교 전통, 일반 사회의 시민운동 단체, 타 그리스도교파에 속한 이들과의 협력도 있다. 이와는 다른 각도에서, 공적인 문제 자체에 대한 관심뿐 아니라 사회의 모든 부문에 대한 공적 응답이라는 점이 중요한데, 바로 여기에 공공신학의 역할이 있다. 이 장은 공공신학의 문제를 아시아 신학의 여정이라는 더 큰 발전의 틀에서 논한다. 또한 이러한 공공신학의 주제는 동아시아와 서구에서 논의된 것처럼 공적인 삶에서 종교의 역할이라는 맥락에서도 논의된다. 이 논문은 인도와 아시아에서 경험하는 공적 관심사에 관련된 주제와 질문을 다룬다.

P.T. 매튜는 아시아의 상황에서 공적 또는 사적 영역이라는 개념이 갖는 복잡성을 다룬다. 개인이 자기 이익을 위해 공적 공간을 차용한다는 것을 우리는 경험하고 있다. 가난한 이와 하위주체는 엘리트와 기업을 선호하는 국가의 개발 정책에 밀려 점점 좁아지는 공적 공간에 등장하기가 여전히 어렵다. 매튜는 논문을 통해 기득권이 독차지하고 있는 공공적인 것의 위험을 환기시키면서, 공공성을 약자의 관점에서 봐야 한다고 강조한다.

그는 물람필리Moolampilly 사례를 든다. 이곳의 가난한 마을 주민은 산업 발전이라는 명분으로 고속도로를 내도록 길을 터 주기 위해 살던 곳에서 쫓겨나야 하는 상황에 직면하여 수많은 시민단체의 연대로 힘든 싸움을 견뎌 내었다. 이 사례는 공적인 것과 사적인 것에 대한 논의와 관련해 주요한 해석의 열쇠를 제공한다. 이 사례 연구에서 나온 하나의 깨달음은 교회가 분쟁 상황에서 공적 문제를 다루는 과정에서 투쟁의 두 당사자 사이를 중재하는 역할을 맡아서는 안 되며, 오히려 약자 및 희생자와 함께 투쟁하고 연대하는 가운데 한 참가자로서 행동해야 한다는 것이다. 이는 다시 한번 공공신학이 중재자 역할이 아니라 협력을 요청하는 존재로서의 중요성을 확인하는 것이다. 이 사례를 바탕으로 매튜는 몇 가지 함의를 끌어낸다. 그

중 하나는 공공신학에서 소외된 이와 약자가 갖는 중요성이다. 그는 결론에서 다음과 같이 말한다.

> 아시아 공공신학은 여전히 형성 중에 있다. 어떤 의미에서는 주변화된 사람들의 투쟁을 통해서 아시아 사회 주변부에서 이미 공공신학이 형성되고 있다. … 그들(주변부 사람들)은 공적 공간에서 자신들의 상징성뿐 아니라 공공신학에 공헌할 수 있는 자신들의 잠재력도 성찰하라고 우리를 초대한다. 그들은 신학이 중심부만이 아니라 주변부와도 관계를 맺으면서 공공신학이 되라고 신학이라는 학문에 도전하고 있다(본서 113쪽).

마이클 아말라도스는 다종교 상황에 더 초점을 둔다. 그는 종교가 공적 역할을 하는 데 대한 반대의 이유 몇 가지를 다루며 시작한다. 아말라도스는 여러 종교 전통을 존중하고 이해하는 것이 공공신학의 발전에 기초가 된다고 주장한다.

> 공공신학은 다종교적 신학자 집단이 사회경제적 영역과 문화적 영역에서 사람들의 행동을 지배하는 가치들에 대해 합의하면서 각자 자신의 신앙적 전망 안에서 그 가치들을 뿌리내리려 애쓰는 환경에서 발생한다. 그러면 각자는 동료 신앙인들뿐만 아니라 다른 종교의 신앙인도 이해할 수 있는 담론에 참여하게 된다. 이러한 일이 공공의 영역에서 발생할 때 상호 간의 이해와 도전과 변화가 가능하다

(본서 133쪽).

아말라도스는 다른 종교 전통 안에서 관용과 종교 간 이해의 흐름뿐 아니라 가르침, 운동, 해방을 자극하는 위대한 인물을 추적한다. 또한 그는 교리나 구조에서 자유로운 종교의 중요성과 생산적인 공적 역할을 할 수 있는 실천을 강조한다.

가브리엘레 디트리히는 공공신학의 위치를 정하기 위해서 오늘날 세계의 동향을 정밀하게 분석하고 여러 모순을 파헤친다. 그녀는 또한 사회주의가 약화된 이유를 설명하고자 한다. 그녀의 설명에 대해서는 여러 비판적 질문들이 제기될 수도 있다. 디트리히는 경제, 생태, 여성주의 등에서 해방신학이 기여한 커다란 공헌에 대해 말한다. 그녀는 공공신학이 마르크시즘의 분석과 아주 가까운 관계였던 해방신학을 약화시키기 위한 것은 아닌가 하는 질문을 제기하며, 이와 관련해 이렇게 진술한다.

오랜 세월에 걸쳐 좌파 진영에 대한 조직적인 공격이 행해지면서 그 과정에서 공공신학이 해방신학을 대신하는 중요한 수단이 되고 있다는 인상을 받는다. 문화적으로 다원적인 사회일지라도 공공신학은 더 민주적이고 공정한 사회를 창조하는 새로운 수단으로 보일 수 있다. 하지만 공공신학의 기원과 목표와 목적 및 그 목적에 이르기 위한 방법과 관련해 면밀히 따져 보는 것이 필요하다(본서 156쪽).

더욱이 디트리히는 공공신학이 윤리적인 문제로 붕괴되지 않을까 하는 우려를 한다. 헌신적인 활동가이자 이론가로서 디트리히의 관점은 주목받아 마땅하다. 한편 교조주의적 마르크스주의는 어떤 것이든 경제적 분석의 틀에 들어맞아야 한다는 '음모론'과 함께하기 마련이다. 이러한 관점에서라면 왜 공공신학이 의혹을 받아야 하는지 이해할 만하다. 마르크스주의 자체가 경제와 문화적 과정이나 정체성의 문제에서 많은 변화를 겪어 왔다는 점에 대해서는 (마르크스나 베버 같은 경우에도) 서로 대립하지 않지만, 이런 모든 과정과 그것의 전체적인 이해를 위해서는 오늘날 더 복잡한 분석과 해석을 요구한다. 이런 과정은 단지 자본과 노동이나 자본주의 대 사회주의라는 도식보다는 더 치밀한 분석을 요구한다. 가난한 이와 억압받는 이의 대의를 위해서 현 상황에서 다차원적 접근이 필요한데, 이는 자본주의와 사회주의를 모두 포함하는 '큰 이야기'에 대한 비판을 뜻한다. 그녀는 적절한 공공신학을 위해서는 종교 간 대화가 당대의 모든 사회적 · 정치적 관심사와 관련을 가져야 한다고 지적한다. 이러한 맥락에서 그녀는 공공신학이 스스로 민중운동과 긴밀한 연대 관계를 맺는 것이 긴요하다고 보는데 사실 이는 중요한 제안이다.

공공신학이 국가의 사회구조 안에 자리 잡아야 한다는 디트리히의 주장에 대해서는 존 로무스가 본격적으로 응답하고 있다. 인도 헌법과 그리스도교에 대한 자신의 연구를 바탕으로 로무스는 어떻게 공공신학이 인도 헌법이 명시하고 있는 목표와 이상을 완성하는 데 큰 도움을 줄 수 있는가를 보여 준다. 그에 따르면 "공공신학은 인도 헌법이 그리는 평등한 사회질서 안에서 거룩한 표징을 읽어 낸다. 공공신학은 국민의 뜻을 보존하고 있는 헌법 각 조항을 통해 활동하시는 하느님을 읽는다"(본서 189쪽). 로무스는 인도 헌법에 담긴 깊은 인본주의를 본다. 그리고 종교와 국가 사이에 분리 장벽을 세우지 않는 세속주의뿐만 아니라, 종교에게 공동선을 위해 생산적인 구실을 할 공간을 제공하는 세속주의도 본다. 인도 헌법의 기본 내용과 신앙이 가르치는 것 사이에는 공통점이 있다. 로무스는 "공공신학이 인도 헌법의 관심사를 신학적 주제로 삼으며 국민의 삶의 질을 개선하기 위해 그리스도교 신앙의 관점에서 생산적인 통찰을 제안한다"(본서 182쪽)는 데 주목한다.

조지 재커라이어는 우리를 공공신학의 주제에 대한 더 깊은 성찰로 인도한다. 곧 그는 하위주체와 이들의 대항공론장의 관점에서 공공신학을 읽어 내면서 윤리, 지식, 정치 사이의 내밀한 연관성을 보여 준다.

> 공론장과 공공신학은 논쟁의 여지가 있는 개념이고 범주다. 그래서 이 장에서는 이러한 개념을 비판적으로 다루고자 한다. 현시대의 대중 안에서 그리스도교의 윤리적 식별과 실천에 관한 새로운 담론을 시작하기 위해 주변부 공동체들과 이들의 사회운동의 관점에서 바라보고자 한다(본서 195쪽).

재커라이어는 변혁의 신학과 그리스도교 윤리는 오늘날 진정한 공공신학이 되어야 할 필요가 있으며 새로운 주변부 사회운동에서 제기되는 문제에 응답해야 한다고 강조한다. 또한 그는 오늘날 신학적이고 윤리적인 담론을 형성하는 데 하위주체들의 주체성이 중요하다고 말한다. 이 논문에서 재커라이어는 위르겐 하버마스 같은 서구 사상가의 공론장 이해를 보여 주면서, 한편으로는 아시아의 관점에서 이 개념을 보았을 때 드러나는 한계를 지적한다. 이는 공론장에 대한 서구의 논의를 바탕으로 삼는 것이 아니라 우리의 지역적 경험을 중심으로 공공신학을 정초할 필요가 있음을 의미한다.

마지막 장은 교회론적 성찰을 다룬다. 이블린 몬테이로는 아시아 교회에 공공신학이 얼마나 적합한지 보여 준다. 그녀는 아시아의 사회-정치적 상황을 간략히 분석하면서 시민사회의 일부로서 교회의 대응과 참여를 요청한다. 몬테이로는 아시아 교회를 위한 공공신학의 범위와 아시아 교회가 직면해야 할 사회-정치적 질문과 관심에 대해서 강조한다. 그녀는 공공신학을 통한 교회의 변화를 내다보면서 이렇게 성찰한다.

공공신학은 아시아 교회를 공적인 교회로 전환시킬 수 있으며 이는 아시아 사회와 교감하기 위해서도 반드시 필요하다. 공공신학은 신앙이 사적이기보다는 인격적이고 사회적인 신앙이 되도록 채근한다. 공적인 교회가 된다는 것은 교회가 저잣거리로 뛰어든다는 것뿐 아니라 사회의 집단적 열망을 지닌 모든 사람에게 교회의 문을 개방한다는 것을 의미한다(본서 217쪽).

인도에서 공공신학은 이제 막 걸음을 뗀 정도라고 해도 과언이 아니다. 인도 신학자 가운데 창조적인 상상력을 지닌 이들이 이 책에 논문을 써 주었다. 이렇게 본다면 이 책은 선구적인 작업이라고 할 수 있다. 그리스도교 공동체, 신학자, 학생, 관심 있는 일반인들이 이 책에서 도움을 받기 바란다. 이 책은 현재 신학의 방법과 내용을 재고하라는 하나의 요청이라고 할 수 있다.

1장

아시아 공공신학:
사회학적 관점

로웨나 로빈슨Rowena Robinson

서론: 공공신학

사회학자로서 나는 '공공사회학'을 둘러싼 논쟁에 익숙하다. 특히 잘 알려진 북미 사회학자 마이클 부라보이가 치밀한 논리로 강하게 주장하는 주제에 관심이 많다. 부라보이는 사회학자가 학계를 넘어 세상에 관여할 필요가 있다고 본다. 사회학자는 자신이 연구하는 세상의 일부로서 반드시 '세계에 관해 어떤 입장을 가져야 한다'는 것이다. 그는 비록 사회학자가 잘못된 관점을 취해 중립성이나 객관성이 손상되더라도 그 실패 자체가 '자연스러운 하나의 입장'이라고

주장한다.[1]

다시 말해서 부라보이는 사회학이 단지 수동적인 방식으로만 사회에 기여할 수 있다고 여기지 않고, 사회 안에서 기존의 동반자들 및 잠재적 협력자들과 더불어 사회를 보호하고 건설해 나가야 한다고 본다. 부라보이에 따르면, 사회학은 사회와 더불어 살고 죽으며 오늘날처럼 사회가 위협을 받을 때, 특히 시장화와 상품화의 위세 아래서는 사회학 역시 위협을 받게 되며 따라서 공공사회학의 발전을 통해 사회와 연결해야 할 필요가 있다.

부라보이는 공공사회학의 범위와 영역을 이렇게 본다.

공공사회학은 사회학 이론과 조사를 통해 도덕적이고 정치적인 주제에 관해 공개적으로 활발히 토론하는 것을 중시한다. 이는 정책사회학, 전문사회학, 비판사회학과도 구분되어야 한다.[2]

따라서 공공사회학은 정치적 또는 도덕적 문제와 관련해 대중과의 대화와 토론에 참여한다.[3] 그러나 공공사회학은 어떤 집단이나 국가가 의뢰한 문제의 해결책을 찾는 데에 초점을 두는 정책사회학과는

---

1 Michael Burawoy, "Public Sociologies: Contradictions, Dilemmas and Possibilities", in Social Forces 82, 4 (2004) 1603-1618.

2 *Ibid.*, 1063.

3 *Ibid.*, 1067.

다르다. 오히려 '정책사회학이 상정하는 가치'[4]를 면밀하게 검토한다. 또한 공공사회학은 기존의 전문사회학과 그것을 한 번 거른 성찰적 목소리라고 할 수 있는 비판사회학과도 다르다. 일찍이 인도에서는 인도만의 고유한 공공사회학이 존재해 왔다는 점을 짚고 넘어가려 한다. 독립 이후 인도 사회학자들은 사회학이 국가 발전에 기여한다고 보는 전망을 공유했다. 사회학은 신생 독립국 인도의 관심사를 다뤄야 하며 사회학자라면 오늘의 문제에 대한 해결책을 제공함으로써 정부에 협력해야 한다고 보았다. 이렇게 국가에 관심을 쏟는 사회학은 부라보이의 공공사회학과 정책사회학에 담긴 몇 가지 특징을 함께 가지고 있었다.

신학과 사회: 해방신학의 발전

만일 사회학과 같은 '세속 학문'이 공적 영역에서 수행하는 자기역할에 대해 동의하기가 어렵다면 — 사실 부라보이와 그의 지지자를 반대하는 사람이 많은 것처럼 — '초자연적 학문'인 신학이 정치학 및 사회생활과 맺는 관계에 대해 합의를 보는 것은 얼마나 더 어려운 일이겠는가? 예수회 사회학자 헤레디아는 특히 근대성의 도래와 더불어 교회가 '사회적' 질문에 어떻게 응답할 것인가를 두고 씨름해야 했다는 것을 보여 준다.[5] 근대성은 교회가 신학과 삶의 세계

---

4 *Ibid.*, 1069.

5 Rudolf C. Heredia, "Development as Liberation: An Indian Christian Perspective", in Gurpreet Mahajan and S. Jodhka (eds.) *Religion, Community and Development, Chang-*

또는 신앙과 정의 사이의 관계에 대해 다시 생각하도록 압박했다.

헤레디아에 따르면 가톨릭과 개신교의 첫 반응은 각각 제2차 바티칸 공의회와 세계교회협의회(WCC)의 '자유주의 신학'의 형태로 나타났다. 자유주의 신학은 급진적인 정치신학이 아니었고 자본주의나 복지국가의 틀 안에서 기능하였다. 일부 '사회적 복음'도 20세기 초부터 퍼져 나가기 시작했다.[6] 이러한 대응이 개발도상국 그리스도인에게는 적절하지 못한 것으로 받아들여졌는데, 그들은 '사회적' 문제와 씨름한다면 사회적 불의와 불평등의 구조적 뿌리를 다루어야 한다고 보았기 때문이다. 특히 마르크스 사상에 영향을 받은 이들은 발전이라는 것을 사회의 계급 구조를 분석해야 하는 문제로 받아들였다.

사회적 불의와 불평등의 구조적 뿌리를 묻는 일은 '해방신학'을 위한 기초가 되었다. 그리고 이는 우리가 다루는 공공신학과의 관련성을 이해하는 일뿐만 아니라 해방신학의 형태를 이해하는 데에도 무척 중요하다. 해방신학은 라틴아메리카에서 가장 먼저 발전하였다. 자유주의 신학이 개인의 자유에 주로 중점을 둔다면 해방신학은 마르크스주의적 사회분석에 뿌리를 둔다.[7] 해방신학에서 가장 두드러진 점 가운데 하나는 해방을 세 차원으로 구분한다는 점이다.

---

ing Contours of Politics and Policy in India, New Delhi: Routledge, 2010.

6 *Ibid.*

7 *Ibid.*

구원자 그리스도는 인간을 죄에서 해방한다. 이 죄는 우정을 모두 무너뜨리며 모든 불의와 억압의 근원적 뿌리이다. 그리스도는 인간을 참으로 자유롭게 한다. 곧, 그리스도는 인간이 그와 친교를 나눌 수 있게 하였다. 그리스도와 맺는 친교는 모든 형제애의 기본이다.[8]

그러므로 어떤 이에게 타인과 어떠한 관계도 없이 단지 죄를 없애 버리고 하느님과 새로운 관계를 맺도록 거듭나라고 하는 것은 불가능하다.[9] 여기서는 사회정의를 위한 투쟁이 핵심이다. 그리스도인에게 가난한 이와의 연대는 필수적이다. 그렇지 않다면 모든 이를 위한 해방은 있을 수 없다. 부자도 착취 계급으로서 지배적 지위를 지니기 때문에 진정한 인간성에서 '소외'된다고 여겨지기 때문이다. 이렇게 말하는 것은 부자를 반대하는 입장이 아니다. 그러므로 해방신학에서 그리스도인들은 단지 '가난한 이를 위한 선택'뿐만 아니라 마르크스의 분석적 관점을 바탕으로 '가난한 이를 위한 행동'이 있어야 한다. 이어 구티에레즈는 이렇게 말한다.

해방신학은 불의를 없애고 새로운 사회를 건설하는 데 투신하는 신앙 체험과 의미를 바탕으로 성찰한다. 이 신학은 피억압 계급이 압제자에 맞서는 투쟁의 과정에서 헌신적 실천과 적극적이고 효과적

---

8 Gustavo Gutierrez, *A Theology of Liberation: History, Politics, and Salvation*, New York: Orbis Books (1973) 37.

9 *Ibid.*

인 참여로써 검증되어야 한다.[10]

라틴아메리카에서 해방신학이 시작된 뒤에 특히 아시아의 가톨릭과 개신교에 영향을 주어 '자선'의 관점에서 사회정의와 인권을 중심에 두는 전환이 일어났다는 것은 사실이다. 헤레디아의 지적처럼[11] 인도에서 인도가톨릭주교회의는 '발전권'의 중요성을 인식하고 불가촉천민인 달리트와 부족민의 인권에 대해 말하기 시작했다. 개신교회인 북인도 교회는 사회복지 관점에서 인권 중심 접근을 통한 권리 확장으로 방향을 전환했다. 또한 신자 대다수가 달리트인 남인도 교회는 초기부터 달리트 문제를 중심으로 다뤄 왔으며 1980년대부터 달리트 신학을 발전시키기 위해 논의했다.

해방신학 이후

해방신학은 1970~1980년대 내내 교회일치운동을 포함해 사회 전반에 꾸준히 강한 영향을 끼쳤다. 해방신학이 현재까지도 살아 있고 특히 아시아와 인도의 맥락에서는 여전히 유효하지만 초기에 비하면 동력을 많이 잃었다. 동유럽에서 역사적 사회주의가 실패하고 자본주의가 전지구화하면서 마르크스주의의 비판적 전망이 위기를 맞았다. 더욱이 근래 수십 년 동안 여러 나라에서 이루어진 정치적 민주화를 향한 투쟁과 그 성취는 공공신학 형성에 주요한 요소라고

---

10 *Ibid.*, 307.

11 Cf. Rudolf C. Heredia, *op. cit.*

할 수 있는 '공공성' 영역과 관련해 더욱 깊이 생각할 수 있게 하는 공간을 창출했다.

부라보이가 구축한 사회학 노선을 따라서 신학의 주제를 검토하는 것도 가능해 보인다. 그렇게 한다면 전통 신학과 관련해서 해방신학을 통합적인 것으로 바라볼 수 있다. 곧, 부라보이가 비판사회학과 정책사회학에 속한다고 여긴 몇 가지 관점을 통합하는 신학으로 생각해 볼 수 있는 것이다. 해방신학은 '비판적'이기 때문에 기존 신학적 사고의 근본적 전제에 도전이 된다. 사실 해방신학은 가톨릭 교회 안에서 여전히 위협적인 것으로 받아들여진다. 해방신학의 급진성은 그리스도교에 대한 새로운 해석을 제공하며 교회가 당연히 반대해야 하고 또 거부해야 하는 그리스도교의 현실에 전체적인 그림을 제시하고 있기 때문에 '위기'로 보기도 한다.[12]

또한 해방신학은 어떤 정책과 관련되어 있거나 또는 지역적 상황에서 구체적 문제들과 싸우며 불의와 불평등 같은 특정 사안에 대한 '실천적' 해결책을 찾아내는 '참여적' 관점이라고도 할 수 있다. 그러나 해방신학은 다른 신학, 이를테면 흑인신학이나 여성신학이 그랬던 것처럼 너무 제한적인 문제만을 다룬다고 비판받아 왔다. 공공신학은 기존의 전통 신학이나 그와 유사한 신학과 관계를 맺는다는 측면에서는 공공사회학과 구조적으로 같다고 본다. 공공신학은 대개 신학적 신념의 관점에서 공적 문제를 성찰하는 것으로 이해된

---

12 Cardinal Ratzinger, as viewed on 16 August 2011, http://www.christendomawake. org/pages/ratzinger/liberationtheol.htm.

다. 공공신학은 신학이라는 학문의 형식을 차용함으로써 수도회나 신학교 밖에 있는 이와 생산적인 대화를 하는 데 공헌하며 또 르 브륀스가 말한 것처럼 '공동선'을 위해 일하는 개인이나 단체와 함께 연대의 매개체 구실을 한다.[13]

공공신학이 지원 역할을 하기보다는 '더 나은 지식'을 제공하는 역할, 곧 좀 더 깨인 사회를 만드는 역할을 하고자 한다는 점은 분명해 보인다. 그러므로 이를 실현하고 타당성을 확보하기 위해서, 적절한 지식과 정보를 바탕으로 한 토론이 이루어질 수 있는 공적 영역을 상정해야 한다. 르 브륀스에 따르면, 공공신학의 맥락에서 '공공'이라는 개념은 '사회성'과 '관계성'의 개념을 포괄한다. 그래서 공공신학은 위르겐 하버마스의 '공론장' 개념에서 '공공'이라는 개념을 빌렸다고 본다. 이렇게 이해하자면 공론장은 독특한 근대적 개념이며 하버마스가 '의사소통 행위'[14]라고 부르는 것을 특징으로 한다. 본질적으로 개인의 판단이 행해지는 '비판적' 영역이다. 하버마스는 말한다.

부르주아 공론장은 우선 하나의 공중으로 모이는 개인들의 영역으로 생각해 볼 수 있다. 그들은, 기본적으로 사적 영역이지만 상품 거

---

13 Clint Le Bruyns, as viewed on 16 August 2011, http://www.ecclesio.com/2011/05/ public-theology-on-responsibility-for-the-public-good.

14 Jürgen Habermas, *Between Facts and Norms: Contributions to a Discourse Theory of Law and Democracy*, Cambridge: Polity Press (1989) 27.

래와 사회적 노동 등 공적 영역을 결정하는 일반 규칙에 대한 '토론'
에 공권력을 끌어들이기 위해서, 공권력에 반대해 위로부터 규정된
공론장을 주장했다. 이러한 정치적 대립 매체는 독특했으며 사람들
이 자신의 이성을 공적으로 이용했다는 점에서 역사에서 그 유례를
찾기 어려운 것이었다.[15]

따라서 공중은 단지 국가와 관련된 사람이 아니라, 사실 국가 행정부
에서 제기한 문제에 대해 이성적이고 적극적으로 논의에 참여하는
모든 참가자로 이루어져 있다. 이들 중에는 공무원도 포함되겠지만
그렇다고 앞서 말한 참가자들이 배제되지는 않는다. '공공'이라는 개
념의 경계를 이해하기 위해 이렇게 자세히 다루는 이유는 무엇인가?
왜냐하면 '공공사회학'과 마찬가지로 '공공신학'도 특정한 틀과 맥락
을 상정한다는 것을 강조하고자 하기 때문이다. 그것은 현대 민주주
의 구조의 맥락이며 그 안에서 국가는 권위를 지닌 비인격적 장으로
구성된다.[16] 이렇게 되면 별도의 영역인 '시민사회'의 영역이 떨어져
나간다. '시민사회'는 무엇이라고 콕 집어 말하기 어려운 또 하나의
용어이다. 다시 하버마스의 말을 들어 보자.

시민사회는 사적인 생활에서 수많은 사회문제를 찾아내고, 받아들
이고, 집약하고, 증폭시켜 정치적 영역이나 공론장에 전달하는 자발

---

15 *Ibid.*

16 Craig Calhoun (ed.) *Habermas and the Public Sphere*, Boston: MIT Press (1993) 8.

적인 협회, 조직, 운동으로 이루어져 있다.[17]

일부 학자들은 '시민사회'를 국가 밖의 조직과 국가로부터 독립된 조직으로 구성된 것으로 이해한다. 다른 이들은 시민사회가 국가와 시장 밖에 있는 조직만 포함한다고 본다. 어떤 정의를 내리든 우리에게 분명한 것은 이 둘 모두 정치 영역에서 매우 적극적으로 활동하며, 또 공공신학을 어떻게 이해하든 강하고 적극적인 시민사회의 존재에 의지해야 한다는 점이다. 효율적인 시민사회와 활발한 공론장은 모두 공공신학이 발전하는 데에 필수적이다.

아시아 공공신학의 자리

앞에서 묘사한 특성을 고려한다면 공공신학이 아시아 맥락에서 어떤 역할을 하거나 잠재적으로 어떤 역할을 할 수 있는지에 대해 말할 때 반드시 다루어야 할 질문이 있다. 아시아 국가들은 다원적이며 역사-문화적으로 풍요롭고 다종교적이다. 아시아 일부 국가들은 민주적이지만, 민주주의와 세속주의가 초기 단계이며 계속 발전하고 성숙해 가는 과정에 있다. 사실 몇몇 국가들은 아직 민주주의가 아니거나 민주주의가 불충분하다. 이런 상황에서 공공신학은 어떻게 스스로 타당성을 제공할 수 있을 것인가?

민주화를 위한 제도적 틀과 공론장의 기능이 형편없거나 지극

---

17 Jürgen Habermas, *Between Facts and Norms*, 367.

히 미약하고, 심지어 미얀마나 티베트와 같이 아예 존재하지 않는 아시아의 여러 지역과 크고 작은 공간에서 신학자가 억압받는 이와 목소리 없는 이의 목소리가 되기 위하여, 이들의 투쟁을 고무하는 데에 적합하고 영감을 주는 해방신학 활동가나 해방신학을 옹호하는 모델을 지속적으로 찾도록 제안하는 것은 당연한 일로 여겨진다. 한편 인도처럼 제법 발달된 민주주의 구조와 넓은 공론장, 또 강하고 독립적인 미디어를 가진 국가에서, 공공신학은 훨씬 더 설득력 있는 역할을 할 수 있고 시민사회에서 배우기도 하고 한편으로는 이를 깨우치기도 할 수 있다.

그 중간쯤에 민주적 제도의 구조를 위한 기초를 놓았거나 발전시킨 국가가 있을 것이다. 그러한 국가는 비교적 개방적인 시민사회 모델을 향해 천천히 움직이고 있는지도 모른다. 이를테면, 이런 범주에 속하는 나라에서는 군부의 지배에서 벗어나거나 정치제도와 군사 기구를 분리하는 일이 주요할 수 있다. 이러한 국가에서는 공공신학이 시민사회 제도를 강화하고 대화와 토론이 활발하게 이루어지는 참여적이고 관용적인 사회를 만드는 데 적극적인 역할을 할 수 있다고 본다.

결론: 아시아에서 공공신학이 할 수 있는 것은 무엇인가?

공공신학은 한 사회나 그 사회의 특정한 측면을 옹호하기보다는 일반적으로 조언하는 역할로 이해된다는 것이 분명하다. 그것이 맞다면 공공신학은 시민사회의 세속 기관이나 종교 단체를 신뢰하고 협력해야 하며, 영성적 통찰에 비추어 '좋은 사회'를 만들기 위해 그 기구들이 사회와 정치 문제에 관해 적극적으로 참여하도록 힘써야 한다. 또한 공공신학이 교회에서만 나온다는 생각에 우리를 묶어 둘 이유도 없다. 아시아 사회의 다원적인 종교 지형에서 보면 그리스도교 신학은 다른 종교 전통에서 배우며 또 이를 신학 자체를 성찰하는 데 사용할 것이 분명하기 때문이다. 그렇다고 내가 그것만을 여기서 말하고자 한 것은 아니다. 단지 '종교 간 맥락에 있는 그리스도교'라는 틀에 박힌 관점이 아니라 다른 종교와 상호 신학적 대화를 통해서 그리스도교 신학을 찾고, 성찰하고, 관계를 맺어 나가야 한다.

아시아 사회에는 공공신학이 해야 할 일이 많다. 이를테면 정의를 위한 일, 극단적인 사회-경제적 불평등을 줄이고 정치-사회적 · 종교적 갈등을 완화하는 일 등을 들 수 있다. 심각한 불평등으로 여성, 달리트, 부족민, 종교인, 소수민족이나 성 소수자 등 많은 사람이 공론장에서 발언권을 갖지 못하는 경우라면, 공론장에서 하는 토론이 얼마나 '평등'할 수 있는가 하는 의문이 제기되었다. 그러므로 공공신학은 공개적 토론의 영역을 확장하고, 주변부가 실질적이고 광범위하게 참여할 수 있도록 노력해야 한다. 공론장에서 국가의 업무를 관철하려 한다거나 공론장의 제도적 · 헌법적 기틀을 파괴하는 것이야말로 공적 영역에 가장 파괴적인 영향을 미친다는 것을 알아야 한다. 국가 밖의 사회 영역에서는 감정이 고조되는 것이 분명해 보인다. 윌프레드가 제안한 대로[18] '공적인 것'의 개념 안에 '이성'을 넘어 '비합리적'이거나 '순전한 느낌'의 공간에 해당되는 요소를 포함하기는 어렵다고 보인다.

분명히 공론장은 엄격한 베버적(Weberian) 이성의 영역 밖에 있는 사고방식에 더 민감하겠지만, 공공신학은 '비이성적인 것'을 위한 공간을 '공적인 것' 안에 자리 잡게 할 뿐 아니라 모든 이에게 전달될 수 있는 언어를 말하게 하고 '국가'와 '사회'가 대화할 수 있도록 '정서적인 것'을 설득하는 작업으로 보인다. 사회는 억압받는 사람들의 고통에 귀를 기울여야 하지만, 국가에 압력을 가하기 위해 단식이나 비폭력 저항 같은 정서적 강압의 형식에 의존하는 방법을 쓰는 사람들에 대해 암베드카르Ambedkar가 마땅찮게 여겼음을 기억해야 한다. 암베드카르는 예지롭게도 이러한 형태의 저항이 제도적 구조를 파괴하는 영웅 숭배로 이어질 수 있다는 것을 식별했으며 이를 '무질서의 문법'에 지나지 않는다고 언급했다.

공론장은 확실히 복잡하고 다원적이며 또 다층적으로 생각될 수 있다. 공공신학은 목소리를 낼 수 없는 사람들이 말할 수 있는 공간을 만드는 것뿐만 아니라, 불우한 사람, 또 폭력과 불의에 희생된 이들의 고통을 경청하고 '느끼는' 일을 확실히 할 수 있다. 동시에 공공신학은 헌법상의 여러 제도에 무관심하지 않고 오히려 그런 제도

---

18 Felix Wilfred, "Asian Public Theology", Lecture delivered in Trinity College, Dublin, 20 January, 2011; Cf. *Asian Public Theology: Critical Issues in Challenging Times*, Delhi: ISPCK, 2011.

를 강화하고 그것에 참여하는 방향으로 노력할 것이다. 비록 국가를 비판하는 것이 분명 소외된 사람을 편드는 일이라 하더라도, 이 비판은 국가를 무시하거나 약화시키려는 게 아니라 더욱 호응적인 국가가 되기를 지향한다. 공공신학자에게는 '주체'와 '객체', '개인'과 '국가', '사적'인 것과 '제도적'인 것 사이를 연결해야 하는 매우 어려운 과제가 있다. 둘 사이를 연결하는 중재의 과제는 이들이 서로 오해하지 않고 지속적이고 더욱 효과적인 대화에 참여하기 위한 것이다. 이러한 중재 없이 '감정'과 '이성'은 결코 대화를 하지 않을 수도 있다.

아시아에서 공공신학이 타당성을 갖는 여러 분야가 있다. 중요한 영역 중 하나만 언급하자면 인도의 힌두 민족주의의 위협을 들겠다. 이는 신학자가 자신의 일에 너무 많은 신경을 쓰기보다는 시민 사회 단체, 소수민족과 함께 인도의 다원주의적 문화의 보호와 정치적 세속주의에 대한 헌법상의 보장이 지켜지도록 요구하는 데에 참여하는 것을 말한다. 이와 관련해서 특히 그리스도교가 중심적 역할을 할 수 있다고 본다. 그리스도교는 체제의 특성상 평화와 갈등 관리를 위해 일하는 사람들의 관계망을 만들 수 있는 잠재력이 있다. 중요한 것은 교회가 제도적·지적 자원을 가지고 있으며, 이것이야말로 공공신학의 일부가 되어야 한다는 사실이다. 그렇다면 공공신학은 대화뿐 아니라 신학자가 관계를 맺는 이들의 사회문화적 자본을 공유하고 형성하는 일과 관련이 있을 것이다.

결론적으로 나는 윌프레드에 의지하여[19] 신학자는 사회, 정치, 문화, 경제의 여러 분야를 합법적이고 실행 가능한 '실천 분야'로 고려해야 한다고 말하고 싶다. 내가 이해하는 한 이러한 일이 함축하는 바는, 공공신학이 사회에 응답할 때 아시아 사회를 위해 가장 중요한 것은 각계각층에 있는 올곧고 윤리적인 시민들이라는 사실이다. 부패는 실로 공적인 생활을 파괴하였다. 이런 상황에서 공공신학자는 세계에 대해 성찰하거나 신학 단체나 기관의 구성원으로 비판할 뿐만 아니라 세계 속에서 함께 일해야 한다. 다시 말해서 상당한 수의 신학자가 훈련된 경제학자로서, 또 변호사, 의사, 기술자, 교수로서 세상에 참여해 일하는 것이 필요하다. 또한 공공신학자는 자신의 영적 훈련과 통찰력이 줄 강한 윤리적 · 원칙적 · 도덕적 소양과 더불어 그러한 자신의 전문성과 타인과 맺는 관계, 또 직업에 얼마만큼 헌신적인지 알리는 것도 필요하다. 나는 그러한 신학자가 세속 기관이나 집단 내에서 제공할 수 있는 지도력과 이들이 그러한 조직의 업무를 안에서부터 변화시킬 수 있는 방식을 보아 왔다. 이들은 말뿐 아니라 본보기로 이끌며, 이는 오늘날 여러 문제를 겪고 있는 아시아 사회에서 이들이 할 수 있는 가장 혁신적인 역할일 것이다.

---

19 Felix Wilfred, "Asian Public Theology", Lecture delivered in Trinity College, Dublin, 20 January, 2011.

2장

아시아 공공신학: 그 사회적 자리

K.C. 에이브러햄K.C. Abraham

위르겐 몰트만은 공공신학은 "인간 역사의 공적 영역에서 그리스도교 정체성의 핵심으로서 하느님 나라 구현에 관심을 갖는 신학의 공적 역할과 긴밀한 관련이 있다"고 말한다. 그는 공공신학에 대해 좀 더 길게 설명을 덧붙인다. "이 주제만으로도 그리스도교 신학을 공적인 신학(theologia publica)이라고 할 수 있다. 공공신학은 사회의 공적인 일에 관여하며 그리스도 안에서 하느님 나라의 도래라는 희망에 비추어 일반적인 관심사를 바라본다. 또 공공신학은 사회에서 가난하고 소외된 사람을 대변함으로써 정치적인 성격을 띠기도 한다. 십

자가에 못박힌 그리스도를 기억하는 것 자체가 공공신학이 정치권력에 가까운 종교와 우상숭배에 비판적이게 한다. 또한 공공신학은 기존 사회의 종교적·도덕적 가치에 대해 비판적으로 보고, 성찰을 통해 이성적인 입장을 제시한다."[1]

곧 그는 공공신학이 대화적이고 비판적이며 보편적인 성격을 갖는다고 본다. '신에 관한 말'로서 신학은 본성상 공적인 담론이다. 하느님이라는 실재는 모든 것을 포용하고 모든 인간의 현실을 관통한다.

공공신학이라는 용어는 새로운 것일 수 있지만, 사실 다루는 주제는 아시아 신학이나 인도 신학에서 오랫동안 다뤄 왔다. 민족주의의 영향으로 인도 신학자들은 인도인의 종교문화적 경험을 포용한 신학적 패러다임에 비판적 질문을 제기했다. 인도 신학자들은 그리스도 신앙을 해석하기 위해 타 종교, 특히 힌두교의 가르침, 교의, 상징을 자유롭게 그리고 비판적으로 사용하였다. 신학자들은 그리스도교가 지니고 있는 외래성을 해체하면서 인도인의 얼굴을 한 그리스도를 찾으려고 진지하게 노력했다. 이들이 그리스도의 실재가 공식적인 그리스도교보다 더 크며 또 그리스도가 존재하지만 인도인의 종교와 문화에 뿌리내리지 못하고 있다는 점을 인정한 것은 실로 놀라운 일이었다.

이 시기에 신학자들이 복음을 인도의 사회정치적 현실과 연관

---

1 Jürgen Moltmann, *God for a Secular Society*, London: SCM Press (1999) 1.

시키려는 주목할 만한 시도도 이루어졌다. M.M. 토마스는 여러 글을 통해 복음의 관점에서 인도 혁명에 대한 뛰어난 분석을 제공했다. 그에 따르면, 영국 제국주의가 무자비하고 착취적이기는 하지만, 특히 자유와 정의 같은 자유주의 사상과 기술, 산업 등을 통해 다면적인 인간화 과정의 전달자가 되어 왔다. 그는 새로운 인류의 약속인 그리스도는 변혁적이고 정의로운 하느님의 현존으로서 고백되어야 한다고 주장했다.

불가촉천민인 달리트와 부족민, 또 그 밖의 소외된 이의 조직적 운동의 출현과 이들이 겪은 억압과 고난의 경험과 영성에 관심을 기울이는 신학에 투신하겠다는 결의가 인도 신학의 새로운 분수령이었다. 이 신학은 전통적인 패러다임에 심각한 도전을 제기했다. 더 중요한 것은 신학을 하는 새로운 방법, 새로운 틀을 제공했다는 점이다.

오늘날 우리는 달리트와 종족 분쟁, 여성의 억압적 상황, 생태, 후천성면역결핍증 그리고 다른 '공적' 사안에 대해 많은 신학적 관심을 기울이고 있다. 개인화된 신심과 세상과는 전혀 관계없는 듯한 신앙, 또 성령 쇄신에 대한 강조는 교회 전체에 영향을 준다. 한편 많은 신학자가 대담하게 다양한 신학 언어를 만들어 내는 데에 일정한 성취가 있었지만 이들 집단 사이에는 의미 있는 상호작용이 아직까지 눈에 띄지 않는다. 우리는 모순에 빠져 있다. 비록 신학자가 공공성 문제에 대해 글을 쓰지만, 그 목소리가 교회 담장 밖의 청중에게까지 들리지는 않는다. 이런 신학적 글이 공적 성격을 띠고 있지만, 글을 읽는 사람 대부분은 교회 신도이거나 신학대학에 다니는 학생이다. 왜 이렇게 고립되었고 어떻게 타개할 것인가? 이들이 사용하는 언어나 언어 표현이 세속적인 질서와 동떨어져 있기 때문인가? 적합한 공공신학을 찾기 위해 제기되는 다음과 같은 문제에 관심을 기울여야 한다.

사회적 장소

미국의 저명한 신학자인 데이비드 트레이시는 전문적인 신학을 위한 고유하면서도 상호 관련되어 있는 장소로서 사회, 교회, 대학을 제시했다. 이러한 공동체적 장소는 신학자의 연구에 일정한 영향을 준다. 트레이시는 이 세 장소를 언급하면서 신학이 공적 담론임을 보여 준다. 그는 이렇게 말한다.

각 신학자는 고유하면서도 서로 연관되어 있는 세 사회적 실재들, 곧 더 넓은 사회와 대학과 교회에 말을 건넨다. … 특정한 사회적 장소라는 실재는 무엇을 강조할 것인가 하는 문제에 분명 영향을 준다. 신학의 과제는 신학교나 대학 소속의 교회에서, 또 종교교육을 위한 프로그램과 관련된 사목 분야나 작은 공동체에서, 또 일반 대학이나, 특정한 문화, 정치, 사회 운동에 참여하는 데에서 모든 신학자의 자기 이해에 영향을 미친다. 때로 그 영향력은 정서적으로 신학을 결정할 것이다. 더욱이 이 사회적 장소는 참으로 신학적인 진술을 강조함과 아울러, 신학에서 특별히 강조하고자 하는 "선택적

친연성"을 제공할 것이다.[2]

이 두 측면, 곧 신학의 공공성과 신학자의 사회적 자리 모두 신학 이론 형성에 중요하다. 우리는 공공 담론으로 신학을 구축해 나가며, 따라서 '사유화된 신학'이라는 말은 잘못된 표현이다. 신학자는 자신이 기능하는 사회적 위치에 따라 어떤 신학을 할 것인가 하는 데서 주목할 만한 다양한 차이를 보인다. 인도에서는 대부분의 신학적 성찰이 교회의 성직자를 양성하는 기관과 대학에서 이루어진다. 이 논문의 첫 부분에서 이런 문제를 살피는데, 특히 인도 서벵갈주에 있는 세람포레시의 '세람포레 제도'(Serampore system)와 관련된 개신교 교육 기관에서 드러난 문제를 다루고자 한다.

신학과 교회의 직무

이 제도에서는 교회의 사회적 위치가 특히 강조된다. 신학을 공부하는 이들 대부분이 교회에서 후원을 받고 있고 신학 공부를 마치면 기존에 속했던 사도직으로 돌아간다. 신학 교육은 목회 소임을 받은 이들을 위해 마련되었다. 과목이나 교과과정, 그리고 심지어 교육학적 방법까지도 이를 염두에 두고 선택된다. 세람포레 교육제도에서는 교회의 요구에 대해 열심히 듣고 그것에 부응하기 위해 주기적으로 교과과정을 수정한다. 나는 이런 방식에 문제가 없다고 말

---

2 David Tracy, *Analogical Imagination: Christian Theology and the Culture of Pluralism*, New York: Crossroad Publishing Company (1981) 4.

하는 것이 아니다. 사실 교회 지도자들은 이 교육제도의 프로그램에 대해 거세게 비판한다.

인도 북부에 있는 델리에서 북인도의 신학 교육을 주제로 열린 한 회의에서 감독 중 하나가 자신의 교구에는 세람포레식 교육이 유용하지 않다고 강하게 주장했다. 그는 목회학 학사나 신학 석사 학위를 받은 이들보다는 오히려 목회를 위한 심방이나 예배를 이끌도록 훈련받은 사람에게 마을 사람들이 더 만족했다고 지적했다. 그는 가난한 신도가 신학교를 졸업한 이에게 임금을 지불할 여유가 없었다고 덧붙였다. 그 감독의 발언이 갖는 '정치학'과는 별개로, 그의 비판에는 어느 정도 진실이 있다. 세람포레식 교육은 대체로 도시환경에 적합한 직무를 준비시킨다. 목회학 학사 학위를 얻기 위해서는 대학원 졸업장이 있어야 한다는 사실은 농촌에 더 적합한 많은 사람을 농촌 목회에서 제외하는 결과를 낳는다. 학부생도 입학할 수 있는 신학 전문대학이 있지만 이 전문대들도 목회학 학위가 가능한 학제로 개편되기를 원한다. 이것은 세람포레 교육체계가 가동하는 압력의 범위를 분명히 보여 준다. 만약 그 교과과정을 분석한다면, 다시 이 학사 학위 프로그램도 도시 목회를 위한 것이라는 편견과 마주해야 할 것이다. 이 상황을 어떻게 해결할 것인가? 어떻게 하면 농촌 목회를 위한 지도자를 양성할 수 있을까?

목회에 요구되는 지혜는 성경 주석이나 목사에게 필요한 전문 기술을 통해서 얻어지는 것이 아니다. 그것은 신학적 훈련을 위해 분명 필수적이라고 할 수 있지만, 영적인 성숙은 여러 다른 방법으로 달성된다. 신학적 훈련과 목회 직무 사이의 공백은 영성적 양성 과정으로 채워져야 한다. 새로운 소명감의 근거는 오직 복음의 자유와 힘에 기초를 두고 뿌리를 내리는 데 있다.

오늘날 신학 교육에서는 믿음과 그것을 바탕으로 한 전망을 심화시킬 기회를 거의 제공하지 않는다. 동료 순례자에게 내 삶의 경험을 제공하는 것이 목회적 돌봄이라고 말하는 것은 마땅하다.[3] 우리가 목사로서 신도인 형제자매에게 제공하는 것은 무엇인가? 신학교육은 우리의 신앙 경험을 발견하고 그것을 다른 사람과 공유하도록 도움을 주었는가? 이것은 앞서 말한 신학이 행해지는 첫 장소로서 교회에서 우리가 직면한 도전으로 보인다.

사회적 통찰력과 신학의 통합

신학이 이루어지는 두 번째 자리로서 사회는 어떠한가? 최근 이두 번째 자리에 대한 인식이 크게 확산되었다. 신학을 배우고 가르치는 사회적 장소는 신학 교육 과정에 결정적인 영향을 준다. 불가촉천민인 달리트와 여성, 또 그와 관련된 분야를 신학의 주제로 다루는 것은 신학을 연구하는 기존의 태도와 방식에 중대한 변화를 가져왔다.

사회적 장소와 주요 관심사에 의해 얻어진 통찰을 통합하는 방법 가운데 하나는 신학 교육에 학제 간 접근을 진지하게 받아들이는

---

3 Henri Nouwen, *Creative Ministry*, New York: Doubleday and Company, 1991.

것이다. 개별 학과로 접근하는 교육 방식은 서구 학계의 유산이다. 우리는 깊은 생각 없이 그것을 따랐다. 누군가 말했듯이 이를 수용한 데에는 기득권이 작용했다. 그것이 직업이나 더 나은 위치를 위해 자기 학과를 보호하려는 데 있음은 분명해 보인다. 많은 교사가 그 제도 아래에서 교육을 받았고, 우리도 그 기준에서 벗어나는 것을 두려워한다.

우리가 연구 단계에서 학제 간 협력에 대해 이야기하는 것은 앞뒤가 잘 안 맞는다. 모든 학자가 각각 분리된 학과 체계를 통해 배워 왔다면, 그 상황에서 무언가를 시도하는 것은 쉽지 않다. 우리는 일찍 시작할 필요가 있다. 현실, 특히 사회 현실은 다차원적이어서 개별적이고 협소한 접근으로는 그것의 복잡성을 풀 수 없을 것이다. 우리가 대학 수준에서 다차원적인 학문 간 협력 체계를 도입해서는 안 될 이유가 없다. 세계화 문제를 예로 들어 보자. 어떻게 연구할 것인가? 어떤 사람은 경제학자와 사회학자의 도움을 받아 자신의 경험에서 몇 가지 사실을 수집하는 것으로 시작해서, 분석하고 성서학적이고 신학적인 관점을 제기하며 구체적인 행동을 깊이 성찰하는 것으로 결론을 내릴 수 있다. 현안 중심의 접근은 학제 간 학습 형태를 개발하는 데 도움이 된다.

교육기관의 위치

신학자의 셋째 장소는 교육기관이다. 교회는 신학적 이유나 전략적 고려를 이유로 스스로 교육기관과 거리를 두었다. 그러나 윌리

엄 캐리William Carey가 세람포레 대학을 설립할 때 두 분야를 도입했음을 아는 것은 중요하다. 원래 그는 세속 학문과 상호작용을 하는 신학 교육을 꿈꾸었다. 그 자신이 철학, 문학, 과학에 열성적인 학생이기도 했다. 나는 그가 교육기관이라는 장소를 매우 진지하게 받아들였다고 생각한다. 그러나 어떤 이유에서인지 이 원래의 목표는 끝까지 지켜지지 않았다. 우리는 어쩌면 윌리엄 캐리의 선교적 전망과 세속 학문 가까이서 신학 교육을 시작하려던 그 근본적 이유를 충분히 공유하지 못했을 수 있다. 그러나 이 두 영역이 함께 나란히 존재한다는 사실은 의미심장하며, 그가 복음주의적 목적에서라도 이 둘 사이의 상호작용을 내다보고 있었던 것이 아닌가 하는 생각이 들기도 한다. 세람포레 대학에서는 여전히 이 두 분야 사이의 조직적 연계가 유지되고 있다. 그러나 신학이 세속 학문과 진지하게 만나고 있는지 의심스럽다.

마드라스 대학이나 마이소르 대학 같은 일부 주요 대학에는 그리스도교 학과가 개설돼 있다. 인도처럼 큰 나라에서는 타 학문과 교류하면서 누릴 수 있는 누적 효과를 쉽게 가늠하기가 어렵다. 그러나 우리는 세속 학문과의 대화에 집중적인 관심을 기울이지 않았다. 이 글의 논조에 따라서 혹자는 인도에서 신학의 학문적 입지가 진지하게 고려되지 않았다고 말할 수도 있다. 인도에서 신학 작업은 매우 사적인 일로, 기껏해야 공동의 일로 여겨진다. 어떻게 하면 신학의 영역을 넓히고 세속 학문과 상호작용을 하도록 할 수 있는가? 실질적이고 조직적인 문제에 대한 언급은 피하는 대신 큰 범주에서 몇 가지 제안을 하고자 한다.

'공동선'에 집중

현대 독일 대학에서 행해지는 신학 교육을 성찰하면서 몰트만은 '대학교에서 신학부가 해야 할 기능은 단지 자기 공동체를 들여다보기 위해서가 아니라 사회 전체의 공동선을 위한 시각을 갖는 데 공헌하는 것'이라고 썼다. 또 "특정 종교 공동체도 공동선에 기여하며 그 공동체의 '더 나은 삶'에 공헌한다. … 그것은 열린 담론 안에서 발전되었다"라고 했다. 몰트만은 "신학의 구체적인 기여는 세속적인 선택을 반복하는 것이 될 수 없다"고 덧붙였다. 어떤 것이 하느님의 뜻에 응답하는 것이고 또 어떤 것이 하느님을 거스르는 것인가를 결정해야 할 때, 하느님 나라와 하느님의 의로움과 정의에 비추어 공동선을 정해야 한다.[4]

이것을 우리의 다종교적 맥락에서 해석하면, 공동선에 대한 담론은 우리 국민 생활의 근간 역할을 하는 세속주의 사상에 초점이 맞춰져 있다고 할 수 있다. 세속성을 반종교적인 것으로 이해해서는 안 된다. 인도에서는 네루의 유산 덕분에 세속성이 인본주의적 전망을 수용하는 개방적인 세속주의로 이해된다. M.M. 토마스가 같은 용어를 사용하는 것은 이러한 의미에서이다. 그는 그리스도인이 한 종파 집단에만 국한되지 않고 세속적인 형태로 국민 생활에 참여해

---

4 Jürgen, Moltmann, *God for a Secular Society*, 256.

야 한다고 거듭 주장했다. 인본주의적이며 세속적인 전망은 종교가 다르고 심지어 이념이 다르더라도 협력을 위한 공동의 기초를 제공한다.

오늘날 이 세속적인 유산은 심각하게 무시되어 왔다. 근본주의 세력은 교육 분야에서 그들의 당파적 의제를 받아들이게 하기 위해 조직적인 시도를 한다. 복음서의 해방적 메시지를 적극적으로 따르고 있는 우리는 이를 마땅히 신학적으로 비판해야 한다.

윤리적 가치 강화

신학은 세속 학문과 상호작용을 하면서 도덕적이고 윤리적인 가치를 강화할 수 있어야 한다. 인도의 교육은 점점 더 시장의 영향을 받고 있으며 기술 위주의 교육을 추구한다. 컴퓨터 기술 분야와 외부 용역에서 더 많은 돈을 벌고 있으며 인도 최고의 인재들이 시장에서 팔린다. 기초적인 연구를 위한 자원과 인력이 없다. 대학과 고등교육기관의 풍토가 대폭 바뀌었다. 몰트만이 자기 상황에 대해 설명하는 내용은 우리에게도 그대로 해당된다.

오늘날 논의해야 할 중심 주제는 산업과 상업의 논리와 요구에 대항해 어떻게 학문적·과학적 자유를 방어하느냐 하는 것이다. 응용 연구 분야에서는 대학과 산업계가 항상 협력해 왔고, 또 모든 분야의 연구가 대학에서 완전히 자취를 감추지 않는 한 이러한 협력은 늘 있을 것이다. 그러나 기초연구 분야는 또한 착취적인 경제적 이익으

로부터 반드시 자유로워야 하며 또 그렇게 될 수 있다.[5]

신학은 진실성과 자유를 유지하고 착취하는 힘에 굴복하지 않도록 세속 교육에 도전할 수 있어야 한다.

전체론적 교육과 살아 있는 영성

신학과 세속 학문 사이의 상호작용은 생생하고 전체론적인 영성을 위해 필요하다. 그릇된 영성이 번성하고 있다. 그러한 영성이 학문적 연구의 대상이 되어 비판적으로 연구된다면 그 안에 있는 건전한 요소는 더 큰 신뢰성과 힘을 갖게 될 것이며 미신적인 요소는 드러나게 될 것이다. 현대 상황에서 많은 이들이 진정한 영성을 찾고자 하는 것은 분명하다. 언젠가 한 지방 영자지에는 한 면 전체를 장식한 마타 암리타난다마이의 초상화와 더불어 다양한 계층의 사람들, 정치가, 정보통신 기술 회사 사장 등이 그녀와 포용하고 축복을 받으려고 얼마나 북적거렸는지에 대한 장문의 보고서가 실렸다. 사상가와 신학자는 모두 이 현상과 영성을 탐구해야 한다. 탐구는 삶을 긍정하고 전체론적인 영성을 위한 것이어야 한다. 이는 성서 전통에 잘 나타나지만 다른 종교 전통의 일부이기도 하다. 삶이라는 생명의 그물망은 삶의 영성에 의해 지속되어야 한다.

---

5 *Ibid.*, 257.

인도 신학의 다원적 구조

A.P. 니말은 아시아의 지배적인 신학 경향이 다원주의를 진지하게 고려하지 않는 것처럼 보인다는 사실을 들어 우리의 관심을 끌었다. 다원주의를 가장 중요하게 여기는 대륙에서는 이상하게 들릴지도 모르겠다. 그는 다원주의는 사물이 다양하다는 사실을 확인하는 것만이 아니라고 주장했다. 다원주의는 사물이 그 자체로 옳음을 확언하는 것이며 그것들이 계속 그렇게 되어야 함을 승인하는 것이다. 다원주의는 삶의 현실일 뿐만 아니라 소중히 여겨야 할 가치다. 이것은 획일성의 모든 표현, 곧 단일주의, 획일적 문화, 군주제 등에 대한 비판으로 나타난다. 정치적 권위주의와 군주제적인 정부 형태는 획일성을 선호함으로써 정당화된다. 하나인 신, 하나인 교회 또는 한 명의 교황, 이 모든 것은 단일한 문화에 뿌리를 둔다. 세계화는 모든 다양성을 배제하고 사상과 사회구조의 단일한 체계를 형성하는 단일한 문화를 만들어 냈다. 인도의 공공신학은 다원적 틀과 언어를 갖추어야 한다.

하위주체(Subaltern)의 관점

인도와 아시아의 공공신학은 하위주체의 관점을 확고히 견지해야 한다. 우리가 실천에 투신함으로써 신학적 패러다임에 일으킨 인식론적 파열은 하나의 순수한 성취다. 사실 이 관점은 다른 학문들과 교류하고 비판적인 교회일치 신학을 발전시키는 데 도움을 준다.

결론

소외된 이들이라고 할 수 있는 장애인과 공동생활하면서 나온 내 개인적인 고백으로 이 글을 마무리하고자 한다.

현대사회에서 인종이나 카스트 또는 경제 집단이 우리와 다르다고 생각되는 사람은 위협이나 불편함으로 간주된다. 현 문명은 개인화를 중심으로 이루어진다. 자신의 공간과 재산을 사유화하고 그것을 열성적으로 지키는 자본주의적 가치는 근대적 발전의 뿌리이다. 이를 가로막는 어떤 장애는 타자가 나의 사적인 공간으로 침입하는 모양으로 나타난다. 우리가 갖고 있는 종교 관념도 이와 비슷한데, 사적인 공간에 있는 우리의 신과 종교를 열성적으로 지킨다. 다른 신과 종교가 우리 공간에 침입하는 것을 원하지 않는다. 그러나 타자의 요구는 이러한 사유화 경향에 대한 비판으로 다가온다.

'타자'는 종종 정복되거나 지배될 대상으로 여겨진다. 남녀 관계, 고용주와 직원, 부자와 가난한 사람 등 우리의 모든 관계의 밑바탕에는 타자, 특히 약한 상대방을 예속시키려는 욕망이 있다. 심지어 우호적인 관계에서도 강자는 타자를 자신의 이미지로 만들려고 한다.

우리는 대단히 성장이 늦고 자폐적인 아이들과 함께 산다. 이 아이들은 자주 자신만의 세계에 살며 거기서 벗어나는 경우가 거의 없다. 우리가 아이들을 우리 세계에 순응하도록 '훈련'하려고 한다면 좌절감을 느낄 것이다. 아이들은 밖으로 나와서 우리 세계의 일부가 되는 것을 거부한다. 우리가 아이들과 소통할 수 있는 유일한 방법은 아이들의 세계에 들어가서 그 세계와 하나가 되는 것이다. 이를 위해 우리는 올바른 코드를 알아야 한다. 이 과정은 타자를 진지하게 받아들이기를 거부하는 근본주의자의 접근법과는 전혀 다른 사고방식을 필요로 한다. 장애인은 타자를 있는 그대로 받아들이라고 요구하며 우리에게 다가온다. 레비나스는 타자를 자신의 연장이라고 말한다. 이 탁월한 견해는 장애인들과 건강한 관계를 맺는 데 꼭 필요한 것으로 보인다. 이는 배제를 강제하는 근본주의자의 관점과 전혀 다르다. 타자를 있는 그대로 받아들인 뒤에 전체론적인 관계로 발전시켜 나가는 것은 공공신학의 기반인 정의롭고 참여적인 공동체를 발전시키기 위해서는 필수적이다.

3장

아시아 신학의 미래와
공공신학

펠릭스 윌프레드Felix Wilfred

아시아 신학의 성찰은 상당히 독창적이며 급진적이기까지 하다. 이러한 신학적 성찰은 다른 그리스도교 공동체에 생기를 불어넣으며 아시아 사회와 문화, 타 종교 전통에 자신을 개방하도록 도왔다. 또한 아시아 신학은 전 세계적 차원에서도 매우 중요한 영향을 주었다. 아시아 신학과 아시아 주교회의 연합회(FABC)의 성찰이 교황청 문서에 지속적으로 심도 있게 반영되고 있다는 데서 그 예를 볼 수 있다. 아시아 신학의 힘과 그 혁신적인 성격은 아시아 주교 대의원 특별총회(이하 아시아 시노드) 개막 당시 많은 아시아 주교의 의견 개진에서부터 드러났다.[1] 주교들은 FABC가 공식화한 '삼중 대화', 곧 아시아의 종교, 문화, 가난한 이와의 대화를 바탕으로 아시아 대륙의 체험에 뿌리내린 그러한 신학을 성찰하였다.

이 장의 도입부에서는 아시아 신학 사상의 핵심과 그 주요 특징을 간단히 짚어 보고자 한다. 주요한 업적을 회고하면서 발전의 필요성도 지적할 것이다. 이 장의 둘째 부분에서는 신학의 새로운 발전 방향이 '아시아 공공신학'(Asian public theology)으로 나아가야 함을 보여 주고자 한다.

1
아시아 신학의 정신

아시아기독교협의회(CCA, Christian Conference of Asia)와 FABC의 문헌, 또 과거 아시아의 다양한 신학적 노력과 작업을 읽노라면 어떤 공통의 이해와 관심사가 있음을 발견한다. 아시아 신학은 항상 명료하게 표현되지 않지만 근본적인 어떤 특징을 보여 준다. 이러한 아시아 신학의 특징을 세세한 주제를 다루는 대신 간단하게 제시하고자 한다.

---

1 Cf. Peter Phan (ed.) *The Asian Synod: Texts and Comments*, New York: Orbis Books, 2002; Felix Wilfred, "The Reception of Vatican II in a Multireligious Continent", in *Concilium* (2012/3) 116-121.

하느님의 신비에 대한 감각

아시아 신학의 중요한 함의 중 하나는 하느님의 무한한 신비에 대한 감각이다. 이는 그리스도론이나 선교론 또는 종교신학에서 다양하게 나타난다. 하느님의 신비에 대한 감각은 아시아 신학이 배제의 길을 따르지 않고 통합과 포용을 추구하도록 영감을 준다. 또한 이러한 신비에 대한 감각은 아시아 신학을 특징짓는 다원주의 정신의 배경이 되기도 한다. 여기서 말하는 다원주의는 교조주의에 대한 단순한 대응이 아니라, 하느님의 신비는 끝이 없으며 셀 수 없이 많은 길을 통해 표현된다는 깨달음에서 탄생한 것이라고 할 수 있다. 아시아 신학은 이러한 다원주의를 적극 긍정하며 이런 시각에서 예수 그리스도와 그리스도 신앙을 이해하고자 한다.

선교 주체의 전환

아시아인은 신비에 대한 감각뿐만 아니라 선교 주체의 중요성에서 오는 영감으로 선교에 접근한다. 민중과 민중의 열망, 또 민중의 관점은 중요하다. 선교는 단순히 어떤 목적을 달성하려는 의도에서 시작된 일이 아니다. 민중은 선교의 대상이 아니라 주체이다. 민중은 자유롭게 신앙을 수용하며 이 신앙은 민중의 역사 내부의 특정한 사회적·정치적·문화적 과정들 안에서 하나의 과정으로 자리잡는다. 그러므로 민중의 세계에 들어가서 민중의 신앙 체험 이야기와 다양하게 사용하는 표현을 알고 이해하는 일이 중요하다. 오늘날에는 선교의 주체에 무게를 두고 선교 역사를 다시 쓰려고 노력한다. 더구나 아시아의 다양한 민족과 문화, 종교 전통 안에서 하느님 현존을 깨달은 것은 선교를 독특한 방식으로 보는 데 공헌했다. 이는 아시아 시노드 준비 과정뿐 아니라 시노드 동안 주교들이 제안한 다양한 의견에서 분명히 드러난다.

구원과 해방의 통합적 이해

아시아 신학은 구원을 통합적으로 이해하도록 노력한다. 이는 육체와 영혼을 이분법적으로 나누지 않는 전인적 인간의 행복과 카스트, 계급, 종교를 구분하지 않는 모두의 온전한 삶을 뜻한다. 구원을 향해 움직이는 일에는 어떤 형태로든 생명을 손상하거나 부정하는 모든 것으로부터의 점진적인 해방이 함축되어 있다. 이는 곧 자아와 사회를 속박하고 더 나아가 세계를 속박하는 모든 것으로부터 벗어나는 자유를 의미한다. 통합적 구원과 해방은 구원의 역사가 하나이지, 구원사와 세상사가 따로 존재하지 않음을 암시한다. 아마 세상사와 구원사를 대립시키는 사람도 있을 것이다. 그러나 모든 민족이 국경과 경계를 넘나들며 공유하는 단 하나의 역사가 있을 뿐이며, 이 역사는 하느님의 은총과 능력의 보편성을 증언한다.

다양성의 실현과 다원주의

아시아 신학은 하나의 사실로서뿐만 아니라 함양해야 할 가치로서 다양성과 다원주의 정신을 긍정적이고 적극적으로 받아들인다. 다양한 민족과 문화, 전통과 자연이 주는 다채로운 선물이라는 측면에서 볼 때 아시아처럼 다양성을 가진 대륙은 거의 없다. 전통적으로 다원주의와 조화로운 삶의 가치가 인정되어 왔기에 단일성과 획일화는 거부된다. 아시아 신학은 다양성을 일치시키기 위해 관심사를 하나로 통합하려고 하지 않는다. 우리가 경험하는 모든 차이와 다원성이 어딘가에서 만나 어떤 식으로든 상호 연관되어 있다는 신비감을 중시한다. 비록 그것들을 묶어 주는 것이 무엇인지를 명확히 밝히기는 어렵지만 말이다. 아시아 신학은 아시아 대륙의 다양성과 다원주의 정신을 궁구해 왔다. 이러한 점 역시 무한한 하느님의 신비를 중시하도록 아시아 신학에 영감을 주었다.

또한 다원주의는 인간이 주체라는 사실에서 비롯되며 현실 인식과 판단은 이들의 세계관, 경험, 다양한 상황, 역사 등에 의해 형성된다. 이러한 깨달음은 아시아 신학이 시각의 다양성을 신앙의 삶에 방해물이 아니라 위대한 풍요로움으로 받아들이도록 했다.

오늘날 다원주의를 말할 때마다 거리낌이 든다. 그것은 다원주의와 상대주의가 혼합된 것으로 여기는 오류에서 생긴다. FABC는 다원주의와 상대주의를 분명하게 구별한다.

실재를 보는 모든 관점이 똑같은 가치를 지닌다고 주장하는 다원주의는 분명 상대주의로 귀결된다. 어떤 관점이 실재에 대한 공통 기준을 결여할 때 이 관점은 단지 공통 기준을 갖고 있지 않은 그 주체의 의견에 불과할 뿐이다. 실재에 대한 공통 기준과 단절된 관점 하나하나가 동일한 가치를 갖는다고 여긴다면 그것은 곧 상대주의나 마찬가지다. 상대주의는 실재에 대해 여러 다른 의견을 갖는 주체만큼이나 많은 진리가 있다고 주장한다. … 근원적 일치는 실재를 더 잘 이해할 수 있도록 한다. 다원성을 확인하는 일은 이 근원적인 일치를 향한 인간의 탐구에 달려 있다. 여러 아시아 철학과 이론이 다원주의의 배경에 일치와 조화가 있음을 보여 주었다.[2]

구원과 해방의 동반자

다양한 문화와 전통, 또 다양한 종교 안에 살고 있는 모든 사람들이 궁극적인 구원에 참여한다면, 그들은 구원과 해방의 동반자가 된다. 다른 종교 전통의 사람들이 하느님의 은총과 구원을 체험하고 증언하기 위해 한자리에 모인다. 이들은 인류 가족에게 더 큰 자유를 가져다주고 자연과 하느님의 창조물을 보호하고 번성하도록 하는 데에 참여한다. 다양한 종교 전통은 서로 적대하지 않고 하느님의 구원과 해방 계획의 동반자가 된다. 아시아 민족들 사이에서 일하는 많은 사회운동도 마찬가지다.

다른 신학 방법론 실행하기

신학은 단순히 신앙의 내용을 익히거나 똑같은 것에 대한 해석

---

2 Office of Theological Concerns of FABC, Document on "Methodology: Asian Christian Theology" 1.1. For the text see, Vimal Tirimanna (ed.) *Sprouts of Theology from the Asian Soil. Collection of TAC and OTC Documents(1987~2007)*, Bangalore: Claretian Publications (2007) 258-259.

을 배우는 것이 아니다. 아시아 신학은 이 사실을 의식하고 있었기에 대화와 상호성의 방법을 따른다. 아시아 신학의 방법론은 단지 신앙의 진리를 알리기 위한 것이 아니라 더 큰 세계와 대화하기 위함이다. 아시아의 신학 경향은 어떤 폐쇄적인 감각으로 표현되지 않고 쉽게 확실성에 이르지 않으며 오히려 역동적인 움직임의 정신에 철저하다. 비유하자면, 아시아 신학의 특징은 고정된 틀과 건축물의 이미지보다 여행이나 순례의 이미지를 통해 더 적절하게 드러난다. 아시아 신학은 인습적인 틀과 구조를 깨면서 새로운 성찰의 길로, 전혀 가 보지 않은 길로 나아간다.

아시아 신학의 본성과 지향이 이러하기 때문에 신학적 방법론의 심대한 변화도 요구했다. 이 방법론은 대화와 개방, 경험과 변혁 지향적인 것으로 특징지을 수 있다. 아시아 신학의 통합적 특성은 단순히 이성에만 의존하지 않는다는 사실에서도 드러난다. 이성만이 유일한 원천은 아니다. 신학은 인간 삶의 다른 능력과 차원을 포함한다. 아시아 신학의 자원은 이웃의 다양한 종교 전통과 문화적 풍요로움, 또 아시아 민족들의 삶에서 나오는 새로운 활력을 포함한다. FABC의 신학사무국 문서에서 적절히 지적한 것처럼 아시아의 이러한 현실 상황은 성서와 전통과 더불어 신학의 자원을 이룬다.[3] 아시아 신학자들은 이러한 자원을 자신의 신학 작업에 활용해 왔고 그렇게 함으로써 신학의 발전을 이루어 냈으며, 나아가 아시아 신학

---

3 Cf. Vimal Tirimanna (ed.) *ibid.*

의 두드러진 특성이 되었다. 신학사무국은 아시아 신학 방법론을 다음과 같이 요약한다.

> 아시아의 신학 방법은 역사적으로 뿌리 깊고 구체적이며, 그 방법을 통해 갈등과 파탄에 맞서는 것을 배운다. 우리는 해방적 통합과 상호연관성과 전체성에 기여하는 이 방법을 중요시한다. 이 방법은 상징적 접근과 표현을 강조하며 변방에 있는 이들과 "감옥에 갇혔거나 학대받는"(히브 13,3) 이들을 우선하는 것으로 특징지어진다.[4]

2
새로운 방향으로 나아가기

아시아 공공신학의 대두

아시아 신학의 혁신적인 특성에도 불구하고, 신학적 성찰이 대부분 교회와 교회의 사목적 요구 내부에 머물러 있었던 것은 사실이다. 그렇다고 아시아 신학이 세상과 사회에 관심이 없다고 말하려고 하는 것은 아니다. 문제는 세상과 사회의 관심사들이 신앙과 신학을 적용하기 위한 영역처럼 취급된다는 것이다. 아시아 신학은 공공 생활에 기여하기 위한 신학으로 자리 잡아 왔다. 신학이 적용되는 장

---

4 *Ibid.*, 343.

은 다른데도, 신학의 본성에 대한 이해는 기본적으로 동일하다는 말이다.

공공신학은 신학의 새로운 장르라고 할 수 있다. 그 새로움은 신학 자체에 대한 이해와 신학이 추구하는 방식에 영향을 미친다. 정치, 경제, 문화 등 빠르게 변화하는 다종교와 다문화 사회의 상황에서 신학은 더 큰 세계에 대해 지니는 책임을 스스로 질문할 필요가 있다. 전통 신학은 모든 것, 곧 세상과 사회와 문화를 그 크기대로 자르는 경향이 있어서 획일화된 체제(Procrustean bed)를 떠오르게 한다! 아시아 공공신학의 성찰은 어떤 제한을 두는 일 없이 이 세상에서부터 시작해야 한다.[5] 그러한 신학적 성찰은 인간과 사회의 현실에서 나오는 질문과 쟁점에 대해 다른 사람과 함께 응답하려고 노력할 것이다. 이를 바탕으로 하는 신학은 더욱 활성화할 필요가 있는 공공신학으로 특징지을 수 있다. 공공신학의 뿌리에는, 세상 속에서 하느님의 다스림을 해석하고 실천하는 일이 오늘날 그리스도 신앙의 가장 중요한 과제라는 자각이 있다.

공공신학이 무엇을 말하고자 하는지 좀 더 자세히 이해하기 위해서는 공공신학이 아닌 것을 이해하고 공공신학은 다른 형태의 신학과 어떻게 다른지를 보는 것이 좋다. 먼저 '공공 생활을 위한 신학'(theology for public life)과 '공공신학'(public theology)을 구별할 필요가 있다. 전자는 신자로서 자신이 참여하고 있는 정치, 경제, 문화, 폭력,

---

5 이 기획은 공공사회학의 접근에서 도움을 받을 수 있을 것이다. Cf. Dan Clawson et al. (eds.) *Public Sociology*, Berkeley: University of California Press, 2007.

전쟁, 평화 등과 같은 세상사에 대한 신앙적 동기나 신념에 대해 말한다. 세상에 관한 교회의 시각 또는 교회 내적 담론이다.

> 공공 생활을 위한 신학의 주요 청중은 시민으로 참여하는 일에서 종교적 결실을 확신하지 못하는 그리스도 신앙인들이다. 이 신학은 공공 생활을 영적 양성을 위한 금욕적 과정으로 이해하고 공공 생활에 참여함으로써 더 나은 그리스도인이 되고 이들의 교회가 더 나은 그리스도교 공동체가 될 수 있다고 주장한다.[6]

공공 생활을 위한 신학 방법론의 관점으로 보면 신학은 이미 만들어지고 나서 공공 생활에 적용된다. 비록 교회의 경계 밖에 있는 세상 문제에 대해 이야기하지만, 교회 내에서 소비되는 담론이다. 한편 공공신학은 구체적인 삶의 현실과 여기서 나오는 질문들을 진지하게 받아들인다. 그리고 신앙을 사적 사안으로 보지 않고 타인과 관련하여 자신을 이해하는 신앙으로 그러한 현실의 질문들에 응답하려고 노력한다. 이 신학은 하느님의 창조와 경계가 없는 하느님의 다스림에 깊게 뿌리를 둔 신학이다. 이 외에도 공공신학에서 우리는 다른 사람들이 이해할 수 있는 담론과 언어를 창조하려고 노력하며, 따라서 그들과 함께 공유할 수 있다. 이 새로운 언어는 우리가 창조의 진리와 하느님의 다스림이라는 위대한 비전을 높이 치켜세울 때 발생

---

6 Charles Mathews, *A Theology of Public Life*, Cambridge: Cambridge University Press, 2007.

한다.

신학이 사회에 영향을 미치는 세상의 여러 사건과 문제들, 또 역사에 대해 발언하고 있는데도 여전히 교회 내 담론으로 남아 있는 까닭은 무엇인가? 왜 이런 고립이 생기는가? 그것은 신학이 처한 맥락, 곧 강력한 성직자 중심주의라는 현실로 상당 부분 설명할 수 있다. 신학은 성직자들이 추구할 뿐만 아니라 많은 경우 성직자의 훈련과 교육을 위해서 쓰인다. 그러므로 신학이 자유로워지고 사회와 세상과 역사 안에서 하느님의 현존과 활동을 알아보고 확인할 수 있기 위해서는 하느님 나라의 전망과 더불어 탈성직화 과정이 필요하다고 생각한다. 그러면 신학은 성직자들의 영역이나 성직 중심적 환경 안에서 이러한 현실에 대해 발언하는 것이 아니라, 세상이 적합하고 의미 있다고 이해하는 언어로 표현하면서 세상과 연관된 하느님에 관한 담론이 될 것이다.

공공신학은 해방신학과 관련이 있지만 다르다. 해방신학은 종교가 사유화되는 것을 깨고 공공 영역으로 가는 길을 열었다. 해방 실천의 동기는 그리스도교의 뿌리에서 비롯되었으며, 분석 방법론과 도구는 성격상 대체로 마르크스주의에 가까웠다. 공공신학은 해방신학의 주제를 받아들이지만 관심사는 훨씬 더 넓으며 공동선을 위해 종교가 어떻게 관계 맺을 것인가를 고민한다. 어떤 이들은 공공신학에 회의적일 수도 있고, 그것이 해방신학을 강탈하려는 시도가 아닌지 의심하기도 하고 심지어는 자본주의의 음모라고도 생각할지 모른다! 여기서 기억해야 할 점은 해방이야말로 하느님의 말씀이 우리를 부르는 목적이라는 것이다. 사회에 대한 분석을 재고하고 억압과 속박을 드러내기 위해 우리가 사용하는 도구들을 지속적으로 재고함으로써 그 목적을 향해 나아갈 수 있다. 오늘날 세계화된 세계에서 우리는 과거의 봉건사회나 산업사회보다 훨씬 더 복잡한 사회에서 살아간다. 오늘날 다양한 형태의 억압은 노동-자본의 투쟁과 관련해 사회적 분석만으로 이를 적절히 설명하지 못할 수 있음을 보여 준다. 여성, 환경, 소수민족, 이민자 등의 문제를 생각해 보라. 결과적으로, 과거의 분석은 세계화라는 현 상황에서 철저한 수정을 요구받고 있다. 공공신학은 구체적인 문제와 질문에 관한 억압의 성격을 평가하고 이를 극복하기 위한 새로운 방법을 다각적으로 모색할 것이다.

아시아의 공공신학은 예를 들어 존 밀뱅크, 막스 스택하우스 등 개신교 신정통주의 신학자가 추구하는 공공 생활과 관련된 신학과도 다르다.[7] 여기서 우리는 한 사회와 문화에 관심을 갖는 상황 신학보다는 칼 바르트 신학이 주는 영감에 주목한다. 이 신학은 공공 생활을 초월적 가치에 부합하도록, 또 하느님 나라와 '절대 타자'로서 이 세계에 대항하고 심판하는 하느님을 따르는 신학으로 나아가도록 공공 생활에 관심을 갖는다.[8] 곧 하느님 말씀이 세상과 만나기 위

7 Cf. Felix Wilfred, Daniel Pilario, Erik Borgmann (eds.) "Orthodoxy", in *Concilium* 2014/2.

8 John Milbank, Catherine Pickstock, Graham Ward (eds.) *Radical Orthodoxy*, London: 1999.

해 그 안으로 오는 대신, 하느님 말씀에 따라야 하는 것은 세상 그 자체라는 가정을 출발점으로 삼는다.

아시아 공공신학이란, 사실상 공적인 질문과 쟁점에 초점을 맞추고 국경을 넘어 모든 사람과 관련된 신학을 말한다. 그 과정에서 이 신학은 사회나 정치에서 다른 사람과 소통하는 삶과 역사에 대해 전혀 또는 거의 관계가 없는 교조적인 결박에서 벗어난다. 공공신학은 구체적인 상황에 따라 다르게 실행될 필요가 있기 때문에, 반드시 그 맥락을 고려한다. 공공신학은 전통과 성스러운 원천으로부터 인간과 자연을 보호하는 데에 기여할 수 있는 요소와 통찰력을 구체적인 맥락에서 가려 뽑는다. 공공신학이 사용하는 언어는 본디 대화적이며 이 신학은 하느님 나라가 논의의 중심이 될 때 공동선에 기여하는 모든 세력과 협력할 준비가 되어 있다. 또한 하느님 나라의 이상은 좋은 신학과 구태의연한 신학을 구별하는 기준점 역할을 한다. 이 이상에 확고하게 기초하고 있는 공공신학은 지배적인 신학을 정리하는 데 도움이 될 것이며, 그러한 신학을 신앙과 가장 중요한 것의 근원으로 돌아서게 한다.

공공신학은 세상과 역사, 또 그 역사가 포괄하는 모든 것에 관심을 갖는 만큼 그에 대한 근본적인 성찰을 요구한다. 또 세계와 역사의 대화를 통해 이루어지는 신학이므로 종교와 공공의 영역을 어떻게 연관시킬 것인가 하는 근본적인 문제에 다시 직면한다. 공공신학은 이 문제를 피할 수 없다. 앞에서 지적한 바와 같이, 다른 사람들이 의미 있고 적합하다고 이해하고 받아들일 수 있는 신학의 방식과 언어를 창조해 내기 위해서는, 종교가 사회와 공적인 삶과 어떠한 관계를 가질 것인가에 대한 기초를 다질 필요가 있다. 다른 신학에서는 그러한 질문을 전혀, 또는 단지 미미한 것으로만 이해할지도 모른다. 그러나 공공신학에서는 중대한 문제가 된다. 더 나아가 아시아든 서구든 상관없이 공공신학의 효과적인 구성은 종교와 공공 생활에 대한 문제를 어떻게 전개할 것인가 하는 데 달려 있다. 먼저 서구의 예를 살펴보자.

서구의 사례

지난 몇십 년 동안 종교와 공공 생활 사이의 관계에 대한 인식의 변화가 일어났다. 세속화 주제 관련 논문이 줄고 종교를 개인화나 사적인 영역으로 보는 논문이 현격히 사라지면서 종교와 공적인 생활 사이에 새로운 질문들이 생겨났다. 어떻게 이런 일이 일어났는지 분석하는 대신 서구에서 가장 중요한 두 목소리인 위르겐 하버마스와 존 롤스를 검토하고자 한다. 종교와 공공 생활의 관계에 대한 이들의 입장은 오늘날 공공신학에서 가장 빈번하게 논의되고 또 논쟁거리가 되곤 했다.

거부에서 종교의 공적 역할의 재인식으로

종교와 관련하여 하버마스의 사고에서 세 단계, 곧 1) 의사소통 이성을 통한 종교의 억제, 2) 종교와 이성의 공존, 3) 근대성의 장점을 지지하기 위한 종교와 이성의 협력이라는 흐름을 찾을 수 있었다. 2001년 이후 그의 저작들(『인간 본성의 미래』*The Future of Human Nature*, 『신앙과 앎에 대하여』*On Faith and Knowledge*, 『자연주의와 종교 사이에서』*Between Naturalism and Religion*)에서 셋째 단계로 새롭게 이행된 것이 보인다. 하버마스 사고의 셋째 단계에서 그는 좁은 세속주의의 주장에 도전하면서 공론장에서 종교가 공헌할 수 있다는 개방적 사고를 보여 준다. 그는 다음과 같은 점에 주목한다.

> 세속화된 시민은 종교적 신념이 진실일 수 있다는 것을 근본적으로 부인하지 않을 수도 있고, 이들의 경건한 동료 시민이 종교적인 언어로 공적인 토론에 기여하는 것을 지지할 수도 있다.[9]

나는 여기서 인간의 존엄성과 권리 강화를 위해 하버마스가 어떻게 그리스도교 창조 교리의 중요성을 보여 주는지를 한 예로 제시하려고 한다. 그는 유전형질 개선과 같은 생물의학적 기술 문제를 다루는데 창조 교리의 중요성을 인식하고 있다. 신학적 믿음은 이 복잡한 질문에 대한 해결의 실마리를 줄 수 있고 인류의 현재와 미래의 행복에 기여할 수 있다.

---

9 Maureen Junker-Kenny, *Habermas and Theology*, London: T&T Clark (2011) 137; 또한 William Outhwaite, *Habermas*, Cambridge: Polity (2007) 157ff를 보라.

'포괄적 교리'의 문제

존 롤스는 '포괄적 교리'와 '중첩적 합의'에 대해 말한다.[10] 그가 말하는 포괄적인 교리란, 세상과 자연과 사회를 폭넓게 궁극적으로 설명할 수 있다고 주장하는 분명한 사고 체계나 설명 체계를 의미하며, 이는 세상과 자연과 사회의 기원 및 가치와 그들의 미래 등과 관련이 있다. 또한 이것은 철학, 종교, 도덕적 신념 등에 의해 이루어진다. 간단히 말해서, 포괄적인 교리는 모든 것에 대한 한 이론을 뜻한다. 종교는 신, 인간, 세상 등에 관한 그런 이론을 제시하는 데 익숙하다. 이러한 포괄적인 교리는 우리 자신과 타인, 또 세상을 바라보는 방식을 형성한다.

롤스의 정치론과 공공 생활과 관련된 종교의 역할에 대한 그의 개념을 이해하려면 그가 칸트의 도덕적 자율성(실천이성비판)을 어떻게 상호주관적인 방식으로 변형시키는지 파악해야 한다. 여기에서 이성의 공공적 사용에 기초한 통치 형태에 관련된 모든 사람 사이에서 받아들여지는 그러한 법률과 협정을 준수하는가의 문제가 제기된다. 도덕적 자율성은 단지 억압에서 벗어나는 자유라는 정의처럼 단순하지 않다. 타자와 대중에게 꼭 필요한 지침이다. 이러한 도덕적 자율성은 정치적 자율성과 연결된다. 종교 집단은 단순히 그 신념과 종교적 믿음의 실천에 관한 어떤 강요로부터 자유로워졌을 때만이 아니라, 공동선이 요구되고 또 어떤 특정 사회에서 관련된 모

---

10 Cf. John Rawls, *Political Liberalism*, New York: Columbia University Press, 1993.

든 이들 사이에서 수용되는 것이 발견되고 또 그것을 따를 수 있을 때 정치적으로 자율적이다. 그런 의미에서, 오늘날 종교의 자유는 타인으로부터의 고립이 아니라 타인과의 관련 속에서, 또 관계된 모든 이의 공동선과 관련하여 정의될 필요가 있다.

종교와 공적 이성

공공신학 관련한 논의의 맥락에서 매우 중요한 문제는 공적 이성과 종교의 관계다.[11] 폭넓은 해석을 허용하면서도 미묘하고 어려운 많은 문제를 제기하는 쟁점이 있다. 종교가 공적 이성에 기여한다는 의미는 여러 종교 전통이 내부 신념과 믿음 체계 때문에 수렁에 빠지는 것이 아니라, 멀리 내다보면서 사람의 일반적인 관심에 종교의 눈높이를 맞춘다는 뜻이다. 여기에는 공적인 중요성을 지니는 신조들을 세속적인 언어로 번역해 내는 작업도 포함된다. 종교 공동체의 신앙과 신념이 공적인 생활에서 어떤 역할을 하려면 공적인 이성에 의해 뒷받침되어야 한다. 예를 들어, 성서의 창조 사화는 정치에서 세속적인 문제인 여성의 평등을 지지할 수 있다. 또 인권이라는 명분을 뒷받침하기 위해 창조 이야기가 쓰일 수 있다. 그리스도교 신앙에 따르면 인간은 하느님의 모상으로 창조되었기 때문에 존엄하다. 문제는 종교가 다른 종교 공동체와 대화를 시작할 수 있는 어떤 공통 근거에 도달하기 위해 자신의 신조를 버려야 하는가

---

11 Cf. John Rawls, *The Law of the Peoples Revisited*, Cambridge MA: Harvard University Press (2001) 129-180 ("The Idea of Public Reason Revisited").

하는 것이다. 종교는 믿음, 신화, 상징이 담고 있는 풍요로움을 잃어서는 안 된다. 그럼에도 왜 종교는 그러한 풍부한 뿌리를 지니고서도 다른 사람과 대화를 시작하지 않는가? 서로 더 깊은 곳에서 접촉하는 상호 관계를 통해 합의와 이해에 도달하지 않는가? 이것은 린다 호건과 나이젤 비거 같은 일부 서구 신학자가 공적 이성이나 중첩적 합의와 관련하여 롤스와 하버마스의 입장에 동의하는 점이다. 예를 들어 린다 호건은 이렇게 말한다. "공적 이성의 근본적 약점은 말하는 이와 듣는 이가 자기 자신이나 다른 이 둘 모두로 존재한다고 믿거나, 아니면 반대로 뿌리가 없는 듯이 행동하기를 바라는 태도이다."[12]

규범과 사실

롤스와 하버마스의 입장은 규범적인 수준에 있으며, 구체적인 상황으로부터 나온 것이다. 이들은 종교와 공론장의 관계를 결정할 때 절차적 추론을 따른다. 그러나 현실은 이 이론과는 맞지 않는다. 사실 많은 유럽 국가에는 소위 국가 종교가 있다. 가장 분명한 예는 영국이다. 그곳에서 주교는 상원의 일부를 형성한다. 마찬가지로 스칸디나비아 국가에서도 루터교는 국가 종교다. 독일, 벨기에, 네덜란드뿐만 아니라 이러한 사례에서 우리가 발견한 것은 안정적으로 보이는 종교의 위치와 공론장에서 종교의 지속적인 역할이다. 이는

---

12 Nigel Biggar, Linda Hogan (eds.) *Religious Voices in Public Places*, Oxford: Oxford University Press (2009) 223.

가톨릭, 개신교, 칼뱅주의자 등이 관리하는 교육기관을 위한 국가 기금 마련, 또 국가가 교회에 부과하는 세금 등 다른 형태로 표현된다.[13]

아시아 상황

우리는 규범적이고 절차적인 수준에서 논의를 시작하기를 원하지 않고, 아시아의 현실에서 보듯이 종교와 공공 생활의 관계에서 드러나는 차이라는 경험적 상황에서 출발하기를 원한다. 경험적 현실을 보면, 공론장과 종교의 관계에 관한 세 기본 유형을 식별할 수 있다.

중앙집권적 국가권력이 통제하는 종교

이른바 사회주의 국가(중국, 베트남, 미얀마, 북한 등)에서 확인할 수 있는 모델이다. 종교는 예배와 일정한 활동을 할 수 있는 자유가 제한적으로 허용되지만 엄격히 통제되어 중앙집권적 권위에 위협이 되지 못한다. 이러한 상황에서 종교는 그 종교적 한계를 넘어 사회 전체의 공동선과 복지를 위해 효과적인 역할을 할 여지가 거의 없게 된다.

중국의 경우 마오쩌둥의 문화혁명을 언급할 필요가 있다. 종교가 반혁명적 세력이고 국가 목표에 반한다는 믿음이 혁명의 이념 중

---

13 Cf. José Casanova, *Public Reasons in the Modern Worlds*, Chicago: The University of Chicago Press, 1994.

하나였다.[14] 부르주아 계급과 함께 종교도 국가의 발전을 위해 억압할 필요가 있었기 때문에 주요 논란거리였다. 문화혁명의 이념은 종교를 싸워야 할 적으로 보았다. 종교적 예배 장소와 상징의 무분별한 파괴가 뒤따랐다. 1978년 중국의 실용주의 개혁은 실제로 종교를 위한 공간을 어느 정도 허용했지만, 공산당의 의혹의 눈초리 아래 있었다. 바티칸과 중국 정부 사이의 관계 변화는 중국의 다양한 입장 변화를 보여 준다.[15]

중국에서 종교의 공적 역할에 대해 연구한 지빈 시는 앞으로 공공 생활에서 종교가 더 큰 역할을 한다고 보면서 세 주요 이유를 제시했다.[16] 먼저 중국 사회의 전통적인 종교적 특성이 있으며 이는 오늘날 중국의 종교 부흥에서도 드러난다. 둘째로, 종교가 공공 생활에 참여하는 것에 점점 더 큰 관심을 보이는데 여기에는 반대와 저항도 포함된다. 셋째, 지빈 시에 따르면, 중국이 정치 영역에서 더 큰 민주화를 이루면서, 다른 종교의 목소리가 들릴 여지가 있다. 이 저자의 견해가 낙관적으로 들릴 수도 있다. 중요한 것은 중국과 같은 중앙집중화된 아시아 국가에서도 종교가 공적인 역할을 할 가능성

---

14 그리스도교의 경우 제국주의의 도구이자 공산당에 반대하는 국민당의 동맹으로 여겨졌다.

15 Cf. Eric O. Hanson, *Catholic Politics in China and Korea*, New York: Orbis Books, 1980.

16 Zhibin Xie, *Religious Diversity and Public Religion in China*, Burlington: Ashgate Publishing Company (2006) 2.

이 점점 더 커졌다는 점이다.[17] 이러한 변화는 새로운 상황에 맞는 공공 생활에 관한 신학을 요구한다. 역사적으로 서구에서 물려받은 모델은 중국에서 종교와 공공 생활이 맺는 독특한 관계에 응답하지 못할 수도 있다.

중앙집권적 통치 국가인 중국과 그와 유사한 다른 나라의 그리스도인은 공동선과 공공 생활에 공헌해야 하는 동시에 국가와 그 정책을 무비판적으로 따르지는 않는 딜레마에 빠져 있다. 우리가 공론장과 그리스도교에 대해 생각할 필요가 있는 것은 바로 이러한 상황에서 시작된다. 이는 매우 복잡한 양상을 띤다. 일부 그리스도교 교파, 특히 개신교 교파의 시선으로 보자면 상황은 다소 단순해 보인다. 곧 종교는 국가와 국가정책에 맞춤으로써 공공 생활에 기여하고, 국가와 교회가 한데 만나는 국가적 목표의 "공통 근거"에 대해 목소리를 같이한다.[18] 여기서 종교의 공적 역할은 결국 국가의 정책

---

17 몇 년 전, 싱가포르에서 공적인 생활에서 종교의 역할이라는 바로 이 주제와 같은 내용을 다루는 회의가 열렸다. 이 회의의 독특한 특징은 중국사회과학원 같은 고위급 국가기관과 당국자 대표가 참가했다는 점이다. 이 자리에서 행해지고 제출된 연설과 논문은 국가가 종교의 긍정적인 역할을 인정하는 것을 명확히 반영하였으며, 종교가 사회의 조화에 공헌한다고 정의 내리고 있다. '사회의 조화'라는 말은 종종 종교가 국가 체제와 형태에 도발하는 행위를 해서는 안 된다는 뜻을 완곡하게 돌려 말하는 표현으로 사용된다. 이 회의의 논문은 한 권에 모아 출판되었다. Michael Nai-chu Poon (ed.) *Pilgrims and Citizens. Christian Social in East Asia Today*, Singapore: Atf Press, 2007.

18 Cf. Philip Wickeri, *Seeking the Common Ground. Protestant Christianity, and Three-Self Movement and Chinas' United Front*, New York: Orbis Books, 1988; Jason Kindoop, Carol Lee Hamtin (eds.) *God and Caesar in China: Policy Implications of Church-State Tensions*, Washington: Brooking Institution Press, 2004.

과 국가가 정하는 사회의 목표를 무비판적으로 지지하고 홍보하는 것으로 끝난다. 우리는 그런 맥락에서 공공신학에 대한 성찰이 얼마나 시급하고 중요한지를 알게 된다.

국가 종교들

한편 아시아에서는 종교가 공공연하게 정치와 공공 생활을 결정하는 현실과 마주친다. 이러한 상황은 많은 다른 형태로 나타난다. 이슬람이 정치와 공공 생활에 전반적으로 영향을 미치는 나라로 파키스탄, 인도네시아, 말레이시아, 방글라데시 등을 들 수 있고 태국에서는 불교가 정치와 공공 생활에 완만하지만 지속적으로 개입한다. 이 나라들에서는 다수 종교와 공공 생활을 분리하기가 어렵다. 오히려 많은 점에서 그것은 공공의 삶을 규정한다. 스리랑카는 불교를 국교로 삼지는 않았지만 헌법은 불교에 '첫째 자리'를 준다. 파키스탄처럼 종교가 확고하게 자리 잡은 일부 나라에서는 무슬림이 아닌 다른 사람은 특정한 공직에 채용되지 않는다. 국가가 특정 종교를 지원하고 우대한다는 사실은 다른 소수 종교 집단은 그렇지 못한 지위에 있게 됨을 의미한다. 공공 생활에서 이처럼 확립된 다수 종교에 그 지위가 주어지며, 다른 소수 종교인은 자신의 종교 행위가 용인되는 것 이외에 공적인 영역에서 어떤 역할이나 지위도 요구하지 않는 것을 자주 목격한다.

원칙에 입각한 종교와 국가의 거리 두기

이 모델에서 세속 사회는 어떤 특정 종교에 대해서도 특권을 주지 않는 것으로 여겨진다. 종교는 공적인 질서, 윤리, 보건에 대한 편견 없이 예배의 자유가 허용되며, 사회적이고 발전적인 활동을 전파하고 참여할 수 있는 자유가 주어진다. 인도, 필리핀, 한국 등에서 그런 형태가 보인다. 이 모델이 이론적으로는 종교들이 함께 모여서 공동선 증진에 공동으로 기여할 가능성을 보여 주기는 한다. 그러나 실제로는 그런 일이 일어나지 않는 듯하다. 왜냐하면, 종교와 종교 단체들은 종종 자신의 집단을 위해 더 큰 힘과 특권을 확보하려고 서로 충돌하기 때문이다. 인도에서 세속주의에 대한 토론과 논쟁이 끊이지 않는 것도 이런 맥락에서 이해될 수 있는 사례 중 하나다.

앞서 본 세 형태의 모델과 근본적인 상황은 아시아의 생생하고 독특한 맥락 안에서 새로운 방식의 공공신학이 긴급히 필요하다는 결론으로 이끈다.

공공 생활에서 종교에 관한 논쟁

서구와 달리 아시아에서는 공공 생활의 다양한 양상 및 차원과 관련해서 종교에 대한 논쟁이 상대적으로 드물었다. 논의는 거의 종교의 자유와 세속주의의 이해에 집중되었다. 인도의 경우는 분명 그렇다. 난디Ashis Nandy와 마단T.N. Madan 같은 일부 지식인은 종종 서양의 세속 개념에 반대하여 극단적인 입장에서 논쟁한다.[19] 이들은 인도에서 종교는 중요한 역할을 한다고 주장한다. 그러나 인도 사회에서 종교가 어떻게 또 어떤 방식으로 공공 생활에 기여할 수 있는지에 대한 건설적인 이론과 제안은 거의 없다. 이 문제에 관한 담론이 제안되고 더 진전될 필요가 있다. 이와 관련하여 아시아 공공신학의 소개로서 몇 가지 생각과 견해를 제시하겠다.

공적인 것에 대한 이해-문화적 경향

아시아에서 공공신학을 말할 때, 우리는 또한 '공적인 것'이 이해되고 정의되는 방식을 의식할 필요가 있다. 이것은 일반적으로 종교, 특히 그리스도교의 역할과 아시아 사회를 보는 데서 중요한 결과를 낳는다. 여기 공적인 것과 공공신학의 이해를 구별하는 아시아 접근법이 있다. 종교와 국가 간 관계의 역사가 서양과 다를 뿐만 아니라, 아시아 대륙의 민족들이 공적인 방식에 다가가는 것도 다르다. 서구 문화가 사적으로 여기는 것이 아시아인에게는 명백하게 공적인 것이 되고 그 역도 사실이라는 것을 일상적으로 경험한다. 삶을 구성하는 지배적 요인으로서 문화적 경향은 공적인 것과 사적인 것 사이의 관습적인 경계를 깨 버린다. 이러한 문화적 경향의 세부적인 내용을 다루지 않고도, 아시아의 종교는 공적이면서도 사적이라고 말할 수 있다. 어떤 의미에서 종교는 사적인 것이고, 또 다른 의

---

19 이들의 관점에 대한 토론은 Rajeev Bhargava (ed.) *Secularism and Its Critics*, Delhi: Oxford University Press, 1998을 참조하라.

미에서는 공적이다. 이 둘이 교차하고 뒤섞이는 것이야말로 아시아적인 어떤 독특성이다.

종교에 대한 이해와 접근의 차이

앞서 보았듯이, 공공신학은 공론장에서 종교의 역할에 대한 논쟁을 전제로 한다. 이 문제에 대한 서구의 논의는 우리의 성찰을 촉발할 수도 있지만 아시아 상황과 합의를 보기 어려울 수도 있다. 그 주요 이유 가운데 하나는 아시아 전통에서 종교 개념이 서양에서 대체로 받아들여지는 개념과 상당히 다르다는 사실이다. 예를 들면, 종교는 아시아에서 믿음의 체계나 교리가 아니라 삶의 방식, 곧 길이나 여정으로 간주된다. 아시아의 민간 전승에서 잘 드러나듯이 종교는 사람의 일상생활과 문화에 내재되어 있다. 이것은 이미 종교와 공공 생활 사이에 어떤 '분리의 벽'을 만드는 것을 극도로 어렵게 만든다. 그러나 문제는 종종 국가의 헌법이 이러한 아시아의 종교 현실을 반영하지 않고, 서구의 종교 이해를 따르는 것처럼 보인다는 점이다.

게다가 종교와 국가, 또 종교와 공공 생활의 관계가 서구에서는 다른 궤적을 가지고 있어서 아시아에서 그대로 재현되지 못할 수도 있다. 간단히 말해, 이 궤적은 세 단계로 이루어지는데, 첫째는 교회와 국가의 구별, 둘째는 이 둘의 분리, 그리고 마지막 단계는 교회와 종교를 전혀 중요하지 않은 것으로 여겨 공공 생활에서 소외시키는 것이다.

공공신학은 아시아 사회의 종교와 공공 생활의 관계 및 맥락적으로 다른 역사들을 더욱 깊이 탐구할 것이다. 그 역사는 인도 세속주의의 발전이 보여 주듯이 공공 생활에서 종교를 수용하는 큰 틀의 하나이다. 이런 형태의 아시아적 수용은 앞서 말한 서구의 3단계 중 어떤 것과도 맞지 않는다.

정치적 정의

현재 논의의 맥락에서, 내가 정치적 정의라고 말할 때 이는 사회 여러 부문이 더 나은 삶에 대해 다양한 견해를 갖고 있지만 서로가 공동선 건설에 마땅히 참여하는 것을 의미한다. 종교는 매우 의미 있는 방식으로 삶과 가치관에 대해 일정한 태도를 취하므로, 종교 공동체가 공동선 실현에 공헌하는 것은 중요하다. 이는 종파가 자기 집단의 이익을 넘어서는 것을 의미하며, 이러한 사고야말로 소수자와 다수자라는 틀을 깬다.

이와 관련해 두 번째 질문은 공공의 이익을 위해 다른 종교와 함께하는 그리스도교와 그리스도교의 참여에 관한 것이다. 그리스도교의 어려움은 여전히 아시아 사회에 '이방인'의 종교로 간주된다는 점이다. 그러므로 문제는 그리스도교와 같은 외래 종교가 다른 종교 전통과 동등한 수준으로 받아들여질 수 있고 그리하여 공익을 수행하는 데 있어서 다른 종교와 함께할 수 있는가에 있다. 이 문제는 주요 종교가 이미 확고하게 자리 잡고 있는 곳에서 두드러진다. 이러한 상황에서 그리스도교는 공동선을 위한 협력 파트너로 여겨

지지 않는다. 그렇기에 그리스도인들과 그리스도교 공동체들이 국민 전체의 복지를 위해 중요하고도 필수적이라고 생각하는 공공의 삶과 가치와 이상을 어떻게 실천하는가 하는 문제가 대두된다. 세속 헌법이 존재하고 국가 종교가 없는 상황에서도 인도에서는 그리스도교에 대해 위와 같은 태도와 배제가 실제로 존재한다.

개인이든 집단이든 차별하지 않고 동등한 권리를 인정하는 민주적 통치의 원칙은 그러한 배제를 용인하지 않을 것이다. 그러나 역사적 기억은 동등한 참여에 관한 어떤 이론보다도 강하다. 그리스도교가 식민 통치에 협력했다는 주장은 많은 시민들로 하여금 그리스도인의 참여와 그들이 나라 발전에 기여하는 것에 대해 의혹을 갖게 한다. 어떤 종교도 인도 민족주의의 기대에 동조하지 않는 한 공공의 이익을 위한 파트너로 참여할 수 없다는 암묵적인 분위기도 있다. 한 중국 작가는 이 점을 이렇게 표현한다.

중국 그리스도교는 '다르다'는 고집을 버리고 '공동의 전망'을 이루기 위해 중국 민족주의의 문화 사업에 참여해야 한다.[20]

그러나 사실 '외래성'과 '다르다'는 것만으로 그리스도교가 공동선과 관련한 국가 차원의 대화에서 배제되는 충분한 이유가 되지는 못하는 듯하다. 왜냐하면 인도는 서양의 과학기술을 국가 발전에 기여하

---

20 Chin Ken Pa(曾慶豹), "What is Sino-Christian Theology?", in *Concilium* (2008/ 2) 91.

는 것으로 받아들이는 데 아무런 문제가 없었기 때문이다. 그리고 중국의 경우, 과학과 기술, 또 마르크스주의 이념도 서양의 수입품이었을 뿐만 아니라, 역설적이게도 사회주의 체제가 그 기원인 서구에서 버려졌을 때, 중국에서는 그 정치적 틀을 구축하는 데에 이용되었다.

종교의 공적 책무

공공신학은 그리스도교 내에서 내적 비판을 요구한다. 그것은 다음과 같은 결정적인 의문을 제기한다. 교회에서 신학이라는 이름으로 논의되고 있는 것은 무엇이며, 그것이 대중에게 얼마나 현실성이 있는가? 공공신학은 신학이 사람들에게 책임을 질 수 있도록 돕고, 이런 식으로 오늘날 하느님 말씀에 대한 해석을 정당화한다. 종교 간 갈등과 분쟁이 생긴다면, 그것은 신학이 자기 사명에 실패했음을 드러내는 분명한 징조다. 제아무리 여러 신학이 종교의 진실을 설명하고 해석한다고 하더라도 공공 생활과 관계가 없다면, 그것은 실패한 신학이다. 그러한 신학은 비현실적일 뿐만 아니라 가장 위험할 수도 있다. 신학적 차원에서 고수된 견해는 심각한 사회적 · 정치적 영향을 끼친다.

어떤 종교든 신앙인들의 울타리를 넘어 의의를 가지려면, 종교가 모든 사람의 복지에 어떤 기여를 할 수 있는지를 보여 줄 필요가 있다. 때로 신앙의 선포, 바로 그것으로 말미암아 그리스도교가 인류에 기여한다고 주장하기도 한다. 물론 이는 분명한 의도를 잘 전달하는 표현일 수 있으나, 종종 사회와 세상으로부터 어떠한 영향도

받지 않는 방어막으로, 또 세상에서 어떤 것도 배우지 않겠다는 것으로 여겨진다. 그리스도교가 보편적인 차원을 지닌 교리와 신조에만 국한될 수는 없으며 그러한 신조가 공공의 영역에서 어떻게 더불어 사는 삶에 구체적으로 영향을 미치고 또 공동선에 기여하는지를 보여 줄 필요가 있다.

공공신학과 민주적 절차의 강화

가치로서의 민주주의와 통치 양식으로서의 민주주의는 국가 내 모든 부문과 집단을 인정하면서 공정하게 사회를 유지하는 데 필수적이다. 민주주의는 불의의 근본 원인인 배제를 막는 항생제다. 절차와 문화로 이해되는 민주주의 안에 상정된 집단생활과 공동체에 대한 이해, 그리고 민주주의가 암시하는 인간의 존엄성과 인권은 창조 신앙에서 발견되는 그리스도교적 신앙을 반영하며 인간과 인류 공동체에 대한 신앙적 이해도 반영한다. 이러한 이유로 공공신학은 민주적 절차를 강화하는 데 크게 기여할 수 있다. 동시에 이 기여는 사회정의를 위한 것이 된다. 그러나 불행하게도 아시아에서 이런 측면을 성찰하지 않았다. 이와 관련해 많은 과제가 산적해 있다.

종교적 자유의 범위 확대

종교의 자유를 확대하는 일은 아시아에서 의미 있는 공공신학을 하기 위한 하나의 전제다. 종교의 자유에는 많은 차원이 있다. 이 문제가 대개 특정 종교 집단과 국가의 관계만으로 축소되는 것은 불행한 일이다. 종교 자유가 여전히 아시아 몇몇 지역에서 중요한 주제임에는 틀림이 없다. 그러나 종교 자유는 단순히 국가의 억압으로부터 특정 종교 집단이 종교적 신념과 그 신념에 부합하는 활동과 관련해서만 누리는 자유로 볼 수 없다. 종교 자유는 공익 달성에 기여할 수 있어야 하며 그렇게 하기 위해서는 종교적이거나 세속적인 다른 집단들과 관계를 형성할 필요가 있다. 공공신학은 종교 자유와 그 실천을 더욱 깊이 이해하는 데 도움이 될 수 있다.

종교의 자유에는 다양한 종류의 제한이나 걸림돌이 있다. 인도에서는 헌법에 따라 종교의 자유가 공공질서, 도덕성, 보건에 대해 아무런 편견 없이 행사되도록 되어 있다. 우리는 종교 집단이 종교의 자유를 누림으로써 가져다줄 수 있는 긍정적인 기여를 분명히 말할 필요가 있다. 한 종교 집단의 자유는 다른 종교 집단과 관계할 필요가 있으며, 그들 모두가 함께 공동선의 실현을 목표로 한다. 여기에 특정 집단의 이익을 넘어서는 무언가를 위한 자유로서의 종교 자유를 수평적으로 강화하는 것이 있다. 곧 종교 집단은 공동체 전체의 안녕을 추구하기 위해 다른 사람과 자유롭게 교류할 수 있는 공간이 열려 있을 때 진정한 종교 자유를 누린다는 것이다. 종교 자유에 대한 이러한 넓은 이해가 공공신학을 위한 필수 전제라고 말하고 싶다.

종교 자유에 대한 더 넓은 이해는 국가 종교뿐만 아니라 국가의 종교 통제에도 도전한다. 그리고 다른 집단의 자유를 축소하고 공동선에 기여할 수 있는 다른 종교들의 잠재력을 가로막는 차별적인 공식 종교 관념에도 도전한다. 아시아의 공공신학은 더 큰 공동체와 공동선에 대한 종교 집단의 기여를 이끌어 내기 위해 종교 자유 문제를 필수적인 조건으로 다룰 것이다.

결론

공공신학에 대해 말하는 것은 하느님 나라라는 더 큰 지평에서 다문화와 다종교 사회인 아시아의 그리스도교와 그 미래를 말하는 것이다. 이러한 다원주의 사회에서는 친교를 가꾸고 포용적인 공동체를 건설할 필요가 있다. 신학은 모든 사람에게 영향을 미치는 공통 관심사를 숙고하고 실천하는 문제와 씨름함으로써 그러한 과제에 도움이 될 것이다. 이는 모든 것을 포함한다는 본디 의미대로 신학이 참으로 보편적일 수 있도록 도울 것이며, 그러면 신학은 그리스도교 공동체의 신앙생활에만 국한된 분파적 사업이라는 오점을 갖지 않게 될 것이다. 아시아 공공신학은 아시아 대륙의 현실 및 경험과 대화함으로써 하느님 나라를 이해하고 그것을 살아 내는 것이 무엇을 의미하는지 말해 줄 것이다.

공공신학은 대부분 그리스도교와 그리스도교 공동체에 중심을 두어 왔던 전통적 신학의 방향에 대한 하나의 도전이다. 전통 신학은 스스로를 학문이라고 주장했고 그렇게 여겨졌으며 다른 학문과 관계를 맺으면서 공공의 영역으로 들어왔다. 오늘날 학문에 대한 이해와 접근은 급격한 변화를 겪고 있으며, 새로운 인식론적 전제들도 학문에 영향을 끼치고 있다. 이러한 시대에 전통적인 이해를 통해 신학이 하나의 학문임을 증명함으로써 신학의 공공적 특성을 획득한다는 생각은 무모한 일일 것이다.

오늘날 신학은 다양한 종교의 경계와 영역을 넘어 공공 생활의 현실과 관계를 맺으면서 공공적 특성을 얻는다. 신학은 그리스도교 공동체를 넘어서는 경험에서부터 시작되며, 또 공공 생활의 질을 유지하고 향상시키기 위해 어떤 공헌을 할 수 있는지를 묻는다. 이렇게 신학을 추구하는 방식은 신학의 방법과 원천을 다시 생각하는 데 큰 영향을 준다.

공공신학은 아시아와 서구에서 무척 다른 방식으로 추구될 것으로 보인다. 아시아와 서구에서 종교가 사회와 공공 영역과 관계를 맺어 온 역사가 사뭇 다르기 때문이다. 그러한 다름은 오히려 아시아와 서구의 공공신학 사이의 대화를 통해 서로에게 깨우침을 주고 이익이 될 수 있다. 그럼에도 여기에 일정한 차이가 있다는 사실을 인식할 필요가 있다. 서양에서 공공신학은 지난 수십 년 이래 성찰의 대상이 되어 온 반면, 아시아에서는 이제서야 비로소 공공신학이 시작되었다는 점이다. 아시아 공공신학은 서양의 논의에 자극을 받는 동시에, 아시아의 다종교와 다문화 상황에서 종교와 신학의 역할에 대한 성찰을 한층 더 깊게 할 수 있다.

4장

아시아의 주변화된 이들과
공적 공간

P.T. 매튜P.T. Mathew S.J.

서론

이 글은 이론을 중심으로 다루지는 않겠지만, 일부 기본 개념과 이들의 상호 관계를 분명히 하는 일은 필요해 보인다. 나는 우리 사회 소외된 이의 시각으로 공적 공간이라고 불리는 곳에서 무슨 일이 일어나는지 성찰해 보라는 요청을 받았다. 어떤 신학이든 진정성이 있으려면 적절한 공간에 근거를 두어야 할 필요가 있다. 공공신학은 종교 간 대화의 관점을 비롯해 여성주의와 하위주체(subaltern), 또 종족의 관점에서 볼 수 있다. 이 글의 관점은 상당히 복합적이고 다양한 이해가 가능한 개념인 '주변화된 사람들'의 관점을 따르고 있기 때문에 어떤 부분에서는 모순되거나 상반되어 보이는 것을 피하기는 어려워 보인다.

우리의 목표는 아시아에서 주변화된 사람을 조사하거나 어떤 이가 이 범주에 속하는가를 탐구하는 데 있지 않다. 주변화된 사람들이 어떻게 공적 공간에서 자기 정체성을 찾고 또 어떻게 자신의 주체성에 대해 목소리를 내는지, 또 이 과정에서 아시아 신학이 어떻게 응답하는지 탐구하는 데에 목적이 있다. 나는 이 주제를 다루면서 몇 가지 제약이 따름을 인정할 수밖에 없다. 곧, 아시아 상황에 대한 경험에 한계가 있고 또 아시아가 단일하게 성격 지을 수 있는 실체가 아니기 때문에 내 글이 보편성을 갖는다고 주장하려는 의도는 조금도 없다. 모든 아시아 국가의 정치적 민주화 정도가 같지 않다고 알고 있지만 내가 이 글에서 말하고 있는 민주적 정치체제는 인도 상황에 비추어 상정한 것임을 밝힌다.

주변화된 사람들 이해하기

주변화(marginalization)는 배제와 억압의 다양한 형태를 나타내기 위해 널리 사용되는 말이다. 사전적 의미에서 '소외시키다'(marginalize)라는 뜻은 상대적으로 덜 안정된 영토나 문화권의 경계 지대로 추방하거나 그곳에서 벗어나지 못하도록 하는 것이다. 주변화는 보통 개인이나 집단이 어떤 공동체 내에서든 경제적·정치적·종교적 힘의 상징과 주요 위치에 접근하지 못하게 되는 과정을 말한다.

그것은 개인과 공동체의 권리를 박탈함으로써 이들이 자신의 정체성을 행사하는 것을 막는다. 그 결과 이들은 교육, 의료, 고용, 정치 참여 등 다양한 인권의 보호와 행사에서 제외된다. 20세기 중후반에 와서야 이 주제에 대한 학문적 관심이 높아졌다. 이는 일부 국가들이 풍요로움과 함께 전례 없는 경제성장을 달성했지만, 사회의 다른 영역은 성장 과정에서 점점 더 불평등한 상황으로 내몰리고 있는 역설적인 경험을 배경으로 한다. 실제로 아시아 국가 대부분에서 이런 현상은 여지없는 사실이었다. 많은 소외된 집단과 사회가 연구의 대상이 되었고, 그 결과 종속이론, 중심-주변부 모델, 탈식민주의론 등이 나왔다. 한 사회 주변부에서 일어나고 있는 일은 사회 전체의 건강을 가늠하는 척도로 여겨지게 되었다.

이 글에서 '주변화된 사람들'이란 체계적인 박탈이나 착취의 희생자로 남아 인간 존엄성이 거부된 집단과 사회를 가리키는 말로 사용하고자 한다. 종종 농업 관련 산업이 주도하고 국제통화기금과 같은 국제기구의 자유무역정책을 자양분 삼아 진행되고 있는 농업의 급속한 상업화는 소규모나 가족농 단위 농민에게 악영향을 주어 많은 이가 극단적인 선택을 할 수밖에 없는 상황에까지 이르렀다. 다국적 공급망을 통한 공격적인 침투는 많은 소규모 상인을 완전히 제거하지는 못하더라도 주변으로 내몰았다.

많은 아시아 국가의 경제는 걸프만 주위의 나라로 이주가 증가함에 따라 활기를 띠었다. 아시아 지역 안에서도 더 잘사는 나라로 노동자들의 유입이 늘었고 동시에 노동 착취와 인권 침해 등 차별적

관행과 같은 현상도 증가했다.[1]

그러나 주변화된 이들을 이런 식으로 파악하는 데에는 심각한 단점도 있다. 일반적으로 주변성은 중심-주변을 가정한 권력의 이중구조와 관련된 해석이라는 뜻을 함축한다. 비판론자는 이 용어가 특정 집단의 주변성을 기정사실화하는 구조를 승인하는 위험을 안고 있다고 지적한다. 탈식민주의 담론은 중심과 주변이라는 이중구조를 허물고 고정된 중심과 무관하게 주변화된 이들을 보고자 한다. 이들은 주변성을 구조적으로 볼 것이 아니라 과정적인 용어로 이해해야 하며, 주변화시키는 힘에 맞서고 이에 저항하기 위한 행동을 시작하기 위해 주변화된 사람들의 주체성을 강조한다. 스피박은 주변성을 식별하거나 정의하는 것의 어려움을 논하면서, "여기서 얘기해 보자고 하는 것은 '인종이나 사회의 형태'가 아니라 분리를 통해 신분을 확인하게 되는 경제적 원리"라고 썼다. 스피박은 학술적·문화적 용어가 되고 있는 "주변성은 사실 끊임없이 변화하는 어떤 재현 체계, 곧 주변성의 조건과 결과의 이름"[2]이라고 덧붙인다. 주변성은 보편주의적 주장이 없는 '주체적 지위'(subject-position)로 이

---

1 아시아 국가들의 이주 노동 문제에 대한 자세한 설명은 다음을 보라. "Frontiers of Struggle, Landscapes of Hope: An Asian Theology of Migration", by Gemma Tulud Cruz, in *Harvesting From the Asian Soil: Towards an Asian Theology*, Vimal Tirimanna (ed.) Bangalore: Asian Trading Corporation (2011) 227-240; *Migration, Identity and Conflct-India Migration Report 2011*, S. Irudaya Rajan (ed.) New Delhi: Routledge, 2011.

2 Gayatri Chakravorty Spivak, "Poststructuralism, Marginality, Postcoloniality and Value", in *Contemporary Postcolonial Theory*, Padmini Mongia (ed.) New Delhi: Oxford Univ. Press (1996) 200ff.

해되어야 한다.

정의와 존엄성과 자유를 위한 주변부 사람들의 운동과 투쟁은 20세기 후반기의 사회 시나리오의 일부가 되었고, 21세기에도 계속된다. 의미 있는 분석을 위해 아시아를 하나의 공통의 우산 아래 놓기에는 그 맥락이 너무 광대하고 다양하다. 아시아의 모든 국가를 다루는 것은 가능하지도, 바람직하지도 않다. 그래서 우리는 공적 공간에서 신학을 하는 것에 대한 함의를 끌어내고자 적절한 사례 연구로 이 논의를 제한할 것이다.

공적 공간에 대한 관찰

공적 공간은 건축학에서 정보 공학에 이르기까지 광범위한 학문 분야에서 사용되는 개념이다. 최근 사회과학은 인간 사회의 구조와 역동성을 이해하는 데서 사회적 공간의 차원을 나타내기 위해 이 개념을 사용하기 시작했다. 공적인 것과 사적인 것의 사회적 범주는 사회 공간의 개념과 관련이 있으며, 사회 이론에서 역사가 깊다. 고대 그리스인은 정치라는 공적인 세계와 가정과 경제적 관계라는 사적인 세계를 구별했다. 현대 사회학은 관련된 복잡한 관계성에도 불구하고 가정과 직업을 분리하는 경향이 있다. 한나 아렌트나 위르겐 하버마스 같은 사상가들이 그 개념을 심층적으로 탐구하는 데 도움을 주었고, 그 개념의 다양한 모델이 문화 연구, 하위주체(subaltern) 연구, 페미니스트 연구, 불가촉천민인 달리트 연구에 세계적으로 적용되고 있다.[3] 독립 이후 인도의 경제 계획 용어 사전에서 민간 부문과 공공 부문은 신성한 용어로 남아 있었으며, 세계화 시대에 '공공-민간 부문의 동반자'라는 새로운 표현에서 절정을 이루었다. 최근 '아랍의 봄'이라 불리는 중동과 북아프리카 지역에서 물밀듯이 일어난 시위와 더불어 이 개념은 더 넓은 의미를 갖게 되었다. 이집트의 타흐리르Tahrir 광장, 튀니지의 중앙 부르기바Bourguiba 거리, 시리아의 광장들과 같은 공공장소는 억압적인 국가권력에 저항하는 이들에게 중요한 역할을 했다. 이곳 공공 광장은 거부와 저항의 장소가 된다. 소셜 미디어가 '사이버 공간'을 포함하는 공적 공간의 의미를 더욱 넓히는 데 핵심적인 역할을 하는 것이 두드러졌다. 여기서는 인터넷이 창조한 가상 공간을 지칭하는데, 특히 트위터와 페이스북과 같은 사회관계망서비스 사이트들은 공공 광장에 직접 가지 않고도 사람들의 적극적인 참여를 가능하게 했다.

이 글의 목적은 공적 공간 개념에 대해 이론적이거나 철학적인 논의를 하는 데에 있지 않다. 우리의 목표는 더 제한적이며 구체적인 것, 곧 아시아 맥락의 공적 공간에서 주변화된 사람들의 위치와 역할에 대해 명확한 관점을 확보하는 것과 공적 공간에서 이들이 주체성을 협상하는 구조와 전략을 이해하는 것이다. 우리는 그리스도교의 신학적 전망 안에서 이 과정을 활성화하는 관점을 가지고 목표

---

3 Hanna Arendt, *The Human Condition*, Chicago: University of Chicago Press, 1998 (1958); J. Habermas, *The Structural Transformation of the Public Sphere*, Cambridge: MIIT Press, 1989.

에 접근할 것이다. 한나 아렌트의 통찰은 더 많은 조사를 하는 데에 도움을 준다. 아렌트는 시민권 행사와 관련지어 공적 공간을 제시한다. 따라서 그것은 기본적으로 정치적인 개념이 된다. 아렌트에게 공적 공간은 서로 밀접하게 관련되어 있지만 동일하지는 않은 두 현상으로 구성된다. 곧, (사람이 명시적으로 모습을 드러내는) **'출현의 공간'**과 (인공물과 제도와 환경으로 이루어져 우리가 공유하는 공적 세계로, 우리의 활동에 비교적 영속적이고 견고한 맥락을 제공하는) **'공동의 세계'**이다. 출현의 공간은 "말과 행동의 방식으로 인간이 함께하는 곳이면 어디든지 있게 되는"[4] 자유와 평등의 공간이다. '인간이 만든' 이 공간은 시민권 행사에 필수적이다. 공적 공간은 개인이 자유로운 정치적 담론과 행동을 위한 한 세계를 만들도록 해주는 공적 정치 공간일 뿐이다. 여기서 시민이 서로 만나 의견을 나누고 견해 차이를 토론하며 이들이 부딪힌 문제에 대해 집단적인 해결책을 모색한다. 아렌트는 고대 그리스의 **폴리스** 개념을 상세히 설명한다. 폴리스에서 노예나 야만인으로 간주되는 이는 공공장소의 출입이 허가되지 않았다. 아렌트는 공적 공간에 대한 적극적인 참여 같은 정치적 행동과 '통치에 참여하는 이들'로 이끄는 효과적인 정치 기관의 활동 사이의 연관성을 강조한다. 그녀는 "발언도, 행동도 없는 삶은 말 그대로 세상에서 죽은 삶이다. 그것은 더 이상 인간 사이에 살아 있다고 할 수 없기 때문에 인간의 삶이 중단된 것"이라고

---

4 Hannah Arendt, *ibid.*, 199.

썼다.[5] 아렌트의 공적 공간에 대한 개념은 우리가 이 장의 관심사인 주변화된 이들과 공적 공간과의 관계를 보는 데 도움을 준다.

주변화된 사람들의 언어 경청하기

델리에서 열린 영연방 경기대회[6]를 배경으로 벌어진 일들과 관련해 한 뉴스 기사는 이렇게 전한다. "수백 명의 가난한 이와 집 없는 이는 최소한의 생활 수단을 잃었으며 경기대회 전 '환경미화'를 빌미로 철거를 강행해 이들을 절벽으로 몰아갔다. 델리시 당국은 도로와 사원 밖에서 구걸하던 이들을 한곳으로 몰아넣었고, 경찰은 다른 많은 사람을 대로 한복판에서 붙잡았다. … 이들에게 보내는 메시지는 분명하다. 곧 방문객이 당신을 발견하는 불상사가 일어나지 않도록 밖으로 나가지 말라는 것이다."[7] 이는 아시아의 번성하는 대도시에서 일어나고 있는 한 사례, 곧 빈민을 주변부로 밀어붙임으로써 이들이 생존을 위해 사활을 걸고 투쟁하지 않으면 안 되도록 만드는 그런 한 예일 뿐이다. 주변화된 사람들의 언어는 상당히 다양할 수 있다. 그것은 체념적 침묵이나 앞뒤 가리지 않는 충돌, 또 자기주장을 위한 투쟁일 수도 있다. 주변화된 사람들의 투쟁은 탈식민주

---

5 *Ibid.*, 176.

6 Common Wealth Games: 인도는 2010년 10월 3~14일에 뉴델리에서 영연방 경기대회를 개최했다. 이 경기대회는 과거 영국의 식민지이던 나라들이 4년마다 함께하는 체육 행사로서, 1982년 아시안게임 이후 처음으로 대규모 국제행사를 개최하는 인도는 이를 위해 경기장을 비롯한 체육 시설의 확장과 보수공사, 도시개발 등을 진행했다. ─ 옮긴이 주

7 *The Times of India*, Delhi, September 28, 2010.

의 이론가들이 사용한 용어를 빌리자면 **대항담론**으로 볼 수 있다. 공적 공간에서 자신의 권리를 위해 외치는 주변화된 이들의 함성에 귀를 기울이고자 한다면 변방에서 부상하는 투쟁과 운동의 현상에 주목할 필요가 있다.

이 논문에서 나는 공론장에 참여하기 위한 주변화된 사람들의 투쟁과 공공신학에서 이들의 투쟁이 지니는 중요성에 대해 성찰하고자 한다. 이런 투쟁은 아시아 여러 나라에서 이런저런 방식으로 일어나며,[8] 인도 안에서도 광범위하게 퍼져 있다. 우리는 이를 아렌트가 사용한 개념처럼 시민권을 위한 투쟁으로 볼 수 있다. 여기서는 논의를 아시아 전역에서 주변화된 이들의 투쟁의 한 모델로 받아들여질 수도 있는 **물람필리 투쟁**이라고 알려진 사례에 한정하기로 한다.[9]

변방에서의 투쟁 양상

물람필리 지역 철거민의 투쟁은 2008년 2월 인도 남부의 코치 근처의 작은 섬 물람필리에서 주민을 강제로 내쫓고 이들의 집을 철거하면서 시작되었다. 이 철거는 인근 발라파담 섬에 설치되고 있던

---

8 말레이시아에 거주하는 인도인들의 사례를 들 수 있다. Cf. P. Ramaswamy, "Politics of Indian Representation in Malaysia", *EPW* Nov. 10, 2011, 4312ff; Vibhanshu Shekhar, "Malay Majoritarianism and Marginalized Indians", *EPW* Feb. 23, 2008, 22ff.

9 물람필리 투쟁과 관련한 더 자세한 논의는 P.T. Mathew, "Beware of Extremist Movements - An Inquiry Based on Moolampilly Agitation", in *Encounter*, vol. 1, no. 2 (July 2008) 78-103을 보라.

발라파담 '국제 컨테이너 환적 터미널' 공사를 위해 쓰일 땅을 마련할 목적으로 강행되었다. 공사를 위한 도로와 철도 연결을 위해 총 823명의 주민에게서 땅을 받아 내야 했다. 4차선 도로를 놓기 위해 일곱 마을에서 189가구를, 또 철도를 놓는 데 4개 마을에서 159가구를 철거해야 했다. 주 정부는 필요한 땅의 인도 예정일이 다가옴에 따라 압력을 받고 있었다.

그 섬 사람들은 대부분 농사를 업으로 하는 가난한 이들이었다. 그 가족들은 퇴거 통지를 받았지만, 몇몇 가족은 퇴거를 거부했다. 1차 철거는 2월 4일에 강행되었다. 당국은 이들이 별다른 저항을 하지 않자 이틀 뒤 동의를 거부한 주민의 집을 철거하러 왔다. 이번에는 주민이 완강히 저항했다. 경찰은 폭력적으로 지도자들을 구타했고, 이들을 돕기 위해 달려온 본당신부도 무력으로 제압했다. 철거와 경찰의 조치는 같은 날 저녁 TV 전파를 타고 방송되어 대중에게도 알려지게 되었다. 저항 세력의 맨 앞에 섰던 조정위원회는 지방행정관청까지 항의 행진을 이끌었지만 중간에서 경찰의 제지로 막혔다. 당국이 새로 이주하는 문제에 대해 어떠한 움직임도 보이지 않았기 때문에 그 시위는 도심 한복판에서 철거민 가족을 중심으로 무기한 비폭력저항운동으로 바뀌었다.

주 정부는 이 평화적인 비폭력저항운동을 대수롭지 않은 것으로 무시하려 했지만, 여러 시민단체와 각계각층의 사람이 참여하면서 대규모 운동으로 눈덩이처럼 불어나기 시작했다. 조정위원회는 철거를 기본인권침해라고 주장하며 더 폭넓은 국민적 지지를 구했다. 처음에는 침묵하던 교회 지도자들도 공공연히 동참했다. 정부는 철거를 강행하려다가, 완강히 저항하는 것을 보고 철회하는 한편 모든 정당이 참여하는 회의를 소집할 수밖에 없었다.

그러나 피해자와 조정위원회가 초대되지 않았기 때문에 그러한 조치 역시 실패했다. 궁지에 몰린 주지사는 인도 정부가 마오쩌둥을 추종하는 무장 테러 집단이라고 규정한 낙살라이트와 극단주의 단체들이 동요를 선동했기 때문이라고 주장했다. 그러나 한 공개 편지에서 사실이 폭로되자 그는 어쩔 수 없이 뒤로 물러설 수밖에 없었다. 국가인권위원회도 개입해 상세한 보고서를 제출하라고 요구했다. 마침내 많은 협의 끝에 강제 퇴거 한 달이 지나서야 새 이주 계획이 발표되었다. 46일 동안 계속됐던 시위는 2008년 3월 23일 부활절 일요일에 종료를 선언했고, 주교는 비폭력저항운동에 참여한 이들에게 저녁 식사를 대접했다. 이는 비폭력저항운동이 끝났음을 뜻하는 것이었지만 투쟁의 끝은 아니었다. 그 거대한 공사 계획은 총리 자신이 직접 온갖 화려한 선전을 해 대는 것으로 시작됐지만, 철거로 집을 잃은 가족들은 재이주가 약속대로 이루어지지 않았기 때문에 거리에 남겨졌다. 이들은 이 사태와 관련해 제대로 된 청문회가 열리기까지 2년을 더 기다려야 했는데, 그것은 주에서 정권이 바뀐 뒤에야 가능했다.

새 정부는 이 문제에 대해 다르게 접근했고 주 정부의 집무 가운데 우선 순위에 포함시켰다. 주지사가 직접 나서서 피해자와 대화를 나누었고, 재정착 방식에서도 만족스러운 합의를 이뤄 냈다. 이 사건은 개발에 따른 철거 문제에 직면한 곳이라면 어디에서든 해당되는 모범 사례로 여겨질 만한 두드러진 특징을 갖고 있었다. 그렇다고 여기서 그 방식이 어떠해야 하는가를 세세하게 말할 필요는 없겠다. 이 일이 있고 얼마 뒤 중앙정부가 새로운 토지 취득법(토지 취득, 재이주 및 정착 관련 법안 2011)을 초안한 것은 긍정적인 징조라고 할 만하다. 이 법안은 식민지 시대의 잔재로 악명 높던 1894년의 토지 취득법을 대체하기 위한 것이기 때문이었다. 인도의 다른 지역에서 일어난 이와 비슷한 사례에서 철거민의 목소리를 낼 수 있었던 것은 어떻든 이 법안에서 일정한 영향을 받았음이 분명해 보인다. 법안의 조항들 이상으로, 그 과정 자체가 주변화된 사람들이 공적 공간에 접근하고 이를 활용할 수 있도록 하는 데 기여하였다.

그 철거는 법에 준한 **공공의 목적**을 위한 것이었다. 그동안 공공의 목적이라는 용어는 계속 논란거리였다. 공공의 목적이라는 것을 누가 결정하며, 또 반대한다면 그 기준은 무엇인가? 의사결정 과정에서 피해자는 어떤 역할을 하는가? 의사결정과 그것의 실행을 위해 모든 이해 관계자가 효과적으로 참여할 수 있는 방법은 무엇인가? 이 과정에서 일부가 주변화되는 것을 방지하는 방법은 무엇인가? 주변화된 사람들이 효과적으로 참여하는 것을 더 적극적으로 지지하기 위해 민주적 기관에 요구되는 조치는 어떤 것인가? 이 과정에서 종교 기관과 신학은 어떤 역할을 할 수 있는가? 물람필리는 하나의 패러다임이다. 물람필리가 제기하는 물음은 민중이 공적 공간에서 정당한 몫을 요구하는 장소인 주변부의 역동성을 이해할 수 있도록 풍성한 기회를 제공한다.

주변화된 사람들이 공적 공간에서 벌이는 협상

투쟁은 주변화된 사람들의 언어다

　　오늘날 세계에서는 토지가 한낱 상품일 뿐 국민의 생명을 유지하는 근간이 아니라는 관점이 있다. 국가가 방종에 빠져 철거 문제에 접근하는 방식 뒤에도 이런 관점이 깔려 있다. 주변으로 쫓겨난 이들의 투쟁을 단지 더 나은 보상이나 더 나은 조건으로 정착하기 위한 싸움 정도로 보는 것은 잘못된 판단이다. 물람필리 사례에서 철거민에게 주어진 최종 정착 조건은 다른 비슷한 사례들을 위해서도 만족스러운 모델임에 틀림없다. 그러나 우리는 얼마나 많은 혜택이 보상으로 주어졌는가라는 데에서 투쟁 그 자체로 관심을 옮겨 그 중요성을 탐구할 필요가 있다. 이 투쟁은 일상생활에 영향을 미치는 사건들 속에서 주변화된 사람들이 권리를 주장했다는 점에서 더 나은 보상을 요구하는 것보다 훨씬 중요했다. 아렌트의 표현대로 한다면 진정한 시민권, 곧 발언권과 행동권을 위한 투쟁이었다. 역사를 통해 본다면 시민권은 투쟁을 통하는 길 말고는 결코 얻을 수 없으며 그것이야말로 주변화된 사람들의 언어가 된다는 것을 보여 준다. 이들은 투쟁을 통해 수혜자가 아닌 시민으로서 공적 공간에 참여할 권리가 있음을 주장하였다. 이 권리는 이들의 일상생활과 관련된 모든 의사결정 과정에 적용된다. 역설적인 것은 주 정부가 이들을 공적 공간에서 철저히 배제하려고 조직적으로 밀어붙였다는 점이다.

무자비한 철거, 사실과 다른 거짓 주장, 피해자와 대면해 직접 말하는 것의 거부나 회피 등 이 모든 것이 공적 공간에 대한 철거민의 접근을 차단하기 위해 곳곳에서 동원하고 있는 전술이다.

아렌트는 그리스의 폴리스 개념에 대해 더욱 깊이 통찰한다. 폴리스는 함께 말하고 행동하는 데서 발생하기 때문에 어떤 지리적 위치를 넘어 사람의 조직을 가리킨다. "출현의 공간은 언제든 사람들이 함께 발언하고 행동하는 방식으로 생겨난다. … 권력이란 공공 영역을 지키는 것이다."[10] 당시 조정위원회에서 사회, 정치, 종교의 모든 부분의 참여를 이끌어 내었고, 또 한편 시각 매체와 인쇄 매체의 지원을 보장함으로써 투쟁에 담긴 잠재 권력이 효과적으로 이용되었다. 정치 브로커든 교구 소속 중재자든 모든 중개인이 철거민을 대변하는 것을 막고, 주 정부를 대표하는 이들과 직접적인 대화를 요구했다. 주변부 사람들이 함께 말하고 행동하는 데서 오는 권력은 주변부를 특징짓는 다원성과 다양성이라는 특성과 관련이 있다. 펠릭스 윌프레드는 다원성을 하느님의 고유 언어로 지적하면서 이렇게 말한다. "하느님은 오늘날 다양성의 언어로 말씀하신다. 중앙의 관점에서 볼 때는 오직 하나의 언어(권력의 언어)만이 합법적인 언어다. 물론 통제하고 조작하기 위한 가장 쉬운 방법은 모든 사람에게 이 언어를 말하게 하는 것이다."[11] 유대-그리스도교 역사가 풍성하게 증언하듯이 하느님의 계획에는 '다름'의 폐지가 아니라 긍정이

---

10 Hannah Arendt, *op. cit.*, 199-200.

11 Felix Wilfred, *Margins-Site of Asian Theologies*, Delhi: ISPCK (2008) xvi.

포함된다.

공적 공간에 대한 관심은 정의와 참여를 위한 관심이며, 모든 형태의 소외와 차별에 맞선 투쟁이 수반된다. 그리고 이 관심은 모든 개인과 사회 각 부문의 정체성과 풍요로움을 존중하는 다원성을 적극 지지하도록 요구한다. 주변화된 사람들에게 그 투쟁은 개별적으로 행동하는 것을 선택하는 대신에 다양한 사람과 집단이 관계망을 형성하며 소통하는 기술을 배우는 실험실이 된다.

개발이라는 주술 – 변방의 시각

아시아 국가들은 도시 중심화와 관련 기반 시설이 농촌 정착지와 농경지를 빠르게 대체하면서 개발 붐에 직면해 있다. 일방적인 개발 이념은 개발로 피해를 당하는 이들과 개발의 사회적 비용을 무시한다. 경제성장에 대한 집착은 물람필리 사례에서 보았듯이 종종 '개발을 명분으로 한 폭력'으로 이어진다. 소설가 아룬다티 로이는 서인도 나르마다 협곡 댐 개발로 쫓겨난 부족민들의 운명을 언급하며 "인도의 가장 가난한 사람들이 가장 부유한 사람들의 생활에 보조금을 지원하는 격"이라고 썼다.[12] 싱구르에 있는 자동차 공장이나 서벵갈 난디그람의 화학 공장, 또 사방에 지정된 수백 개의 특수 경제 지구도 사정은 마찬가지다.

배제와 주변화 사이에, 또 세계화와 경제자유화 과정 사이에는

---

12 Arundhati Roy, "The Greater Common Good", *Outlook Magazine*, May 24, 1999.

분명 밀접한 연관이 있다. 아시아 맥락에서 세계화는 일반적으로 시장 자유화와 공공 부문의 민영화 같은 경제 변동과 관련이 있다. 연구 결과에 따르면, 이 시기 발전의 열매가 제대로 동등하게 분배되지 않았고 계급이나 출신 지역 또는 부족민에 따른 차이를 차별로 몰아가면서 불평등을 악화시켰다. 경제적 세계화는 인간 사이의 연대를 파괴하는 것으로 이어지는 무한 경쟁을 최고 이념으로 하여 시장화를 촉진한다. 여기서 패자는 다시 힘없는 이와 주변화된 사람들이다. 공적 공간이 종종 사적 공간으로 축소되거나, 적어도 사적인 목표들과 혼동된다. 따라서 주변화된 사람들의 투쟁은 마땅히 뜯어고쳐야 할 조치가 필요한 세계화의 과정에 더욱 비판적으로 접근하는 것이 요구된다.

'공동선'과 '공공의 목적'은 발전 이념에 동원되는 입에 발린 말이 되었다. 사실 이런 용어는 매우 기만적이며, 자주 진짜 의도를 숨긴다. 많은 경우 '공적'인 것은 '사적'인 것에 계속 자리를 내주며, '사적'인 것은 이익을 얻기 위해 종종 '공적'인 옷을 입는다. 공적 공간이 축소되는 현상은 사회정치학적으로뿐만 아니라 지리적으로도 분명하며, 주변화된 사람들에게도 심각한 영향을 준다. 바닷가는 전통적으로 어부가 배를 보관하거나 그물을 손질하거나 어획물을 경매하기 위한 공적 공간이었다. 또 어린이나 청소년들의 놀이터 역할을 했다. 이러한 공간이 호텔 단지와 해변 휴양지로 빠르게 변모하고 있으며, 사적 공간임을 나타내기 위해 벽과 울타리를 세우기 시작했다. 오늘날 아시아 국가 대부분의 풍경은 소비의 논리에 끌려

빠르게 팽창하는 대형 쇼핑몰 공간을 보여 준다. 여기에서 주변화된 사람들은 효율적으로 배제되며 그런 곳에 들어올 가치가 없는 존재로 여겨진다. 우리 집 근처에 완공을 앞두고 있는 거대한 쇼핑몰 앞에는 축구 운동장 여덟 개와 맞먹는 크기라고 선전하는 간판이 붙어 있었다. 당연히 주변화된 사람은 이를 보면서 '공적인 것'이라는 말에 대해 의혹을 갖게 된다.

물람필리에서 쫓겨난 철거민은 재정착을 위해 끝없이 기다려야 했다. 대부분의 아시아 국가는 연구 결과에서 알 수 있듯이 재이주와 정착에 대한 정확한 기록을 갖고 있지 않다.[13] 왜 재이주 문제가 주 행정에서 우선순위를 차지하지 못하는가? 철거 피해자는 의사 결정 과정에서 어떠한 발언의 권리도 없기 때문에 그저 쉽게 처분할 수 있는 상품과도 같다. 대사제 카야파의 논리가 여기서 통한다. 그는 "백성을 위하여 한 사람이 죽는 것이 낫다"고 단언했다(요한 18, 14). 나봇의 포도밭 이야기는 '공공의 목적'과 '공동선'의 함정을 보여 준다(1열왕 21,1-29). (임금에게 포도밭을 넘겨주지 않아 결국 죽임을 당한) 나봇과 같은 많은 사람이 '공공의 목적'이라는 이름 아래 희생되고 있다. 아룬다티 로이는 임박한 비극을 상상한다. "수백만 명의 철거민이 더 이상 존재하지 않는다. … 대다수 사람은 결국 우리의 대도시 주변 빈민가에 흡수된다. 인도의 수백만 철거민은 이름 없는 전쟁의 난민일 뿐이다. 우리는 그런 일이 더욱 위대한 공동선

---

13 Cf. J. Murickan et. al., *Development-Induced Development*, Jaipur: Rawat Publications, 2003.

을 위해 행해지고 있다고 들었다. 이것이 진보라는 이름으로, 또 국익이라는 이름으로 행해지고 있다."[14] 우리는 '공공의 목적'과 '공동선'의 옷 아래 가리어진 '사익'에 대해 경계할 필요가 있다.

변화하는 힘의 균형에서 배우기

기존의 정치 기관이 공동선을 위한 공적 공간을 제대로 운영하지 못함으로써 주변화된 사람 대다수는 불만을 느낀다. 아시아 곳곳에서 늘고 있는 민중 봉기, 무장 운동, 테러 행위 등에서 그 조짐이 드러난다. 이런 행동은 국가의 힘을 사용한다거나 법을 만든다든가 하는 식으로 해소될 수 없다. 유명한 간디주의자 안나 하자레Anna Hazare가 이끄는 인도의 반부패 운동과 이 운동이 이끌어 낸 광범위한 지지는 대중을 각성하게 하는 역할을 했다. 이는 효과적인 참여를 보장하기 위해 현 민주주의 형태가 적절한가에 대해 이의를 제기하는 것이다. 새로운 형태의 참여는 사회 모든 부문의 사람이 상호작용하는 장소로서 공적 공간에 대한 더 넓은 개념을 필요로 하며, 주변화된 집단과 정치적 국외자에게도 접근을 보장하는 공간이어야 한다.

그 투쟁은 시민사회[15]를 위한 정치적 공간을 개척하면서 정당은

---

14 Arundhati Roy, *op. cit.*

15 시민사회는 "가족과 국가 사이의 제도로 대표되는 공간으로서 정형화된 틀에서 자유로운 중간 지형"을 가리킨다. 일부 시민사회단체들이 권력 엘리트들에게 이용당할 위험이 있지만, 대체로 이러한 조직들은 소외된 사람의 주장을 전달하는 주요 통로로 남아 있다.

제쳐 놓았다. 이것은, 공적 영역이 정당과 국가가 독점하는 공간이 아니라는 것을 주변화된 사람들이 깨닫고, 이제 이들이 권력을 쟁취하기 위해 시민사회의 자원을 끌어들이기 시작했다는 하나의 표징이기도 하다. 정치인들은 이런 투쟁을 '극단적' 또는 '정치적으로 중요하지 않은' 것이라고 딱지를 붙이며 이들의 신뢰를 떨어뜨리려는 전략을 폈지만, 이는 주변화된 이들이 공적 공간에 발을 들여놓는 것에 대한 그들의 두려움을 나타낸다. 이런 전략에 대한 적절한 대응은 공격적 대응도 방어적 후퇴도 아닌 있는 그대로를 드러내 보여 주는 투명함이다. 이들은 이 투명성으로 대중의 지지와 신뢰를 얻었다. 조정위원회가 17개 조직으로 이루어졌다는 사실은 위원회의 포괄적 접근과 동원 능력을 잘 보여 준다. 모든 개인과 모든 조직이 사회에서 해야 할 자기 역할을 가지고 있다는 소신이 기본이었다. 어느 누구도 배제되지 말아야 한다. 그렇다면 공적 공간에서 건강한 상호작용과 진정한 대화를 위한 무대가 세워지는 것을 볼 수는 없을까? 그 무대는 '형식적이 아닌 내용적' 민주주의이며, 의사결정에서 철거 피해자에게 투명성과 참여를 보장해야 한다. 탐색은 다수의 지지를 얻기 위한 것이 아니라 모두를 위한 진실과 정의를 위한 것이어야 한다.

투쟁 내내 교회가 적극적으로 참여함으로써 투쟁이 성공하는 데 크게 기여했다. 몇몇 주교는 여러 단계에서 직접 참여했고, 대교구 대표단도 중재자로 개입했다. 그러나 그것은 본질적으로 세속적인 공간인 공적 공간에서 종교의 역할에 대해 의문을 제기한다. 모든 종교 집단의 지지와 참여를 환영하면서도, 투쟁 자체는 한편으로 기울지 않고 종교를 넘어서는 균형을 유지했다. 일부 종교 조직은 이런 태도의 투쟁 방식을 받아들이기 어려워했다. 예를 들어, 교회는 이 투쟁이 공적 공간에 참여하기 위한 주변화된 이들의 투쟁이라는 것을 제대로 인식하지 못한 채, 어떤 역할을 할 것인가에 대해 혼란에 빠졌다. 다시 말해, 교회가 중재자 역할을 할 것인지, 아니면 활동가(참여자) 역할을 할 것인지에 대한 질문에 집중되었다. 대교구 대표단은 혼란을 부채질하는 것 같았다. 대표단은 있을 수 있는 덫이라는 것을 알지 못한 채 타협안을 마련해 해결하라는 정부의 초대를 아무 의심 없이 받아들여 중재자로서 역할을 떠맡았다. 타협안 배후의 논리를 간파한 철거민은 그 타협안을 거부했다. 이들은 다른 사람이 자신을 위해 말하고 행동하는 것을 원하지 않았다. 자신의 시민권을 주장하기를 원했다.

매체와 소통 창구의 효과적인 사용

건강한 민주주의 감시자라고 불리는 대중매체는 공적 공간에서 대화적 상호작용을 촉진하는 중요한 역할을 지닌다. 곧 표현의 자유, 정보 전달, 가치의 해명 등의 가치를 지탱한다. 인쇄 매체를 비롯해 다양한 시각 매체 등이 중요한 관심사에 대한 공개 토론과 논쟁을 위한 공간을 만든다. 최근 미디어가 사회 내 다양한 목소리의 참여를 촉진하는 방향으로 나아가고 있다는 것은 감탄할 만하다.

주변화된 이들은 대중매체와 관련하여 두 가지 주요한 약점에 직면한다. 첫째, 아시아 국가에서 언론이 누리는 자유의 폭은 상당히 다양하다. 일부 지역에서는 국가 통제가 숨이 막힐 정도여서 주변화된 사람들의 목소리를 들을 수 없다. 이와 비슷하게 '정보를 접할 권리'와 같은 법이나 관련 제도의 부재는 많은 국가에서 정보에 접근하는 것을 방해한다. 둘째로, 매체가 태생적으로 양면성이 있다는 점이다. 대중매체의 소유권이 거의 독점 사업체나 대기업에 의존하고 있기 때문에 일반적으로 주변화된 이에 대해서는 무관심하다. 이러한 단점이 있지만, 물람필리 운동에서 시각 매체가 수행한 창조적인 역할은 정말 놀라웠다. 그 결과 철거의 잔혹성은 지체 없이 공적 공간에 생생하게 전달되었다. 그 영향은 전례 없는 대중의 지지를 이끌어 냈을 뿐만 아니라 이를 공론화 문제로 전환시키는 데서도 두드러졌다. 아랍의 봄을 알리는 혁명의 물결이 사회관계망서비스를 통해 고조되고 그것에 도움을 받았다는 것은 주목할 일이다. 페이스북과 유튜브 같은 매체는 강력한 참여 도구가 되어 공적 공간의 범위를 놀라운 차원으로 넓히고 있다.

여기서 그리스도교 매체, 특히 신학 매체에 대해 질문하는 것이 부적절하지만은 않아 보인다. 책임 있는 학문으로서 신학은 더 이상 사회 발전 문제와 상관없다고 할 수 없으며, 공적 공간에서 적극적인 참여자가 되어야 한다. 또한 주변화된 이들이 목소리를 내는 데에 적극적인 역할을 해야 하며, 이들의 관심사를 공론장으로 이끌어 내 토론할 수 있어야 한다. 신학을 평가하는 한 가지 기준은 공적 공간에서 신학을 통해 대중이 생각하게 하고 토론하게 하는 능력이다.

신학 저널과 다른 교회 출판물만을 읽고 씨름하는 것은 일방적인 관심사를 드러내는 것과 같다. 교회 중심적인 문제들 또는 그리스도교 관련 학문만을 다루기 때문이다. 신학 매체가 공적 공간에서 주변화된 사람들의 관심사를 다루려 한다면 더 많은 연구와 실행이 이루어져야 할 필요가 있다.

신학과 주변화된 사람들, 그리고 공적 공간

위의 논의를 바탕으로 우리는 더 많은 탐구가 요구되는 아시아 공공신학에 대해 몇 가지 함의를 간략히 제시하고자 한다.

첫째, 아시아 맥락에서 주변부는 공공신학의 창조적 현장으로 남아 있다.[16] 마르크스가 올바르게 관찰한 바와 같이 주변화된 사람은 고난의 시기에 종교를 강력한 피난처로서뿐만 아니라 공적 공간에 참여하는 도구임을 종종 발견한다. 변방에 있는 이들은 복잡한 사회구조망이나 그것을 유지하는 일에 휩쓸리지 않고 모든 부문과 상호작용하고 말과 행동의 새로운 방법을 탐구할 수 있는 자유를 누린다. 변방은 신학의 새로운 방법을 탐구하기 위한 구조와 도그마의 엄격한 통제로부터 비교적 자유롭다. 여러 장애물이 있겠지만 여기서 나는 두 가지만 말하려 한다. 먼저 전통을 따르라는 요구가 있는

---

16 펠릭스 윌프레드는 '공공 생활을 위한 신학'과 '공공신학'을 유용하게 구분한다. 전자는 신자가 세상일에 참여하도록 동기를 부여하는 반면, 공공신학은 신앙과 세상 사이의 만남과 상호작용을 강조한다. Cf. "Asian Public Theology", in *Harvesting from the Asian Soil: Towards an Asian Theology*, Vimal Tirimanna (ed.) Bangalore: Asian Trading Corporation (2011) 139.

데, 주변화된 사람들의 관심사에 가장 관심이 없는 사람들이 이를 주장한다. 다른 하나는, 종교를 공공의 공간에서 벗어나게 하고, 그 것을 사적인 영역에만 국한시켜야 한다는 목소리이다. 이 요구는 이들의 계급적 성격을 드러내며, 종종 공적 공간에서 주변화된 사람들을 제거하려는 목적으로 가면을 써서 이를 은폐한다.[17] 주변부 집단의 정체성은 구약성서에 나오는 히브리 백성 이야기에서 잘 드러난 것처럼 종교와 밀접하게 얽혀 있다. 이 이야기는 산지사방에 흩어진 노예가 된 상태에서 이들이 어떻게 한 민족이 되었는지를 말해 준다. 어떤 장애물도 하느님의 보호 아래 있는 주변화된 이들이 시민권과 인권을 위해 고군분투하는 것을 막지는 못한다. 주변화된 사람들을 돕고 연대하기 위해 공공신학에 투신하는 것은 분명 험난한 일이다. 우리는 이 위험을 감수할 준비가 되어 있는가? 그것이 핵심 질문이다.

둘째, 신학은 신학이 지닌 공적 영역의 측면, 곧 교회와 대학보다는 사회를 더 강조하는 쪽으로 그 방향을 재조정할 필요가 있다. 데이비드 트레이시가 신학의 세 공적 영역을 유형화한 것은 통찰력이 있다. 신학적 담론은 주로 그가 '공적 영역'이라고 부른 독특하면서도 서로 관련된 세 사회적 현실, 곧 넓은 의미의 사회나 대학, 교회

---

17 더 자세한 논의를 보려면 P.T. Mathew, "'Let Us Confine Religion to the Private Sphere' - Critical Examination of a Current Discourse", in *Transforming Religion - Prospects for a New Society*, Felix Wilfred (ed.) Delhi: ISPCK (2009) 3-16 참조.

중 어느 하나를 다룬다.[18] 그는 그것을 유럽과 미국 중심으로 논의하고 있지만, 그럼에도 그 틀은 아시아 나라에서 주변으로 밀려난 이와 관련하여 신학적 탐구를 비판적으로 해 나감에 있어 여전히 유용하게 활용될 수 있다. 아시아 신학은 이 세 공적 영역 중에 어느 것에 초점을 맞추고 있는가? 현재 많은 신학적 관심이 교회 내 문제에 한정되어 있으며, 학문적 공공성의 자리가 신학교의 벽 안에 갇혀 있다는 것은 명백한 사실이다. 신학적 글에만 몰두한다면 공적 공간에 들어가기는 거의 어려우며, 따라서 주변화된 이의 관점을 거의 반영하지 못하는 성격과 울타리에서 벗어나기 어려울 것이다. 어떤 주제를 선택하느냐와 또 그에 대한 토론과 토론 방식이야말로 공적 공간에 참여하는 신학의 질을 결정짓는다.

아렌트가 공간의 독특한 세 차원으로 제시한 사적 영역과 공적 영역, 그리고 사회적 영역에 대해 논의하자면,[19] 일반적으로 그리스도교적 사고는 공적이고 정치적인 것을 무시한 채 관심을 사적 영역과 사회적인 것으로 제한하려는 경향을 보인다. 성서적 은유는 종종 개인적 또는 사회적 해석으로 받아들여 그 은유 자체를 훼손하는 반면, 공적이고 정치적인 관점은 그 의미를 공적 공간으로 옮기기도 한다.

예수는 나병이 끔찍한 질병으로 인식되던 시대에 살았다. 당시

---

18 David Tracy, *The Analogical Imagination - Christian Theology and the Culture of Pluralism*, New York: The Crossroad Publishing Co., 1991, chapter 1.

19 Hannah Arendt, *The Human Condition*, 28.

나병에 걸린 이들은 사회 주변부로 쫓겨났다. 예수는 나병에 걸린 사람을 낫게 하신 뒤 사제에게 가서 그가 나았다는 것을 보여 주라고 했다(루카 17,14). 예수는 이들에게 공적 공간에서 자신을 보이라고 지시했는데, 이는 단순히 치유 행위에 그치는 일이 아니다. 간통죄로 붙잡혀 아무 소리도 못하고 속수무책으로 예수께 끌려온 여인도 마찬가지다. 예수는 여인을 끌고 온 이들을 흩으시고, 여인이 자신에 대해 말하도록 이끌어 마침내 그녀의 존엄성을 회복하도록 돕는다(요한 8,10-11). 우리는 공적인 것과 정치적인 것을 사적이고 사회적인 것으로 축소하는 함정에 빠지기 쉬우며, 어떤 공공신학도 이 함정에 대해 경계해야 한다.

셋째, 지난 반세기 동안 교회 문헌은 (가톨릭의 경우 제2차 바티칸 공의회 이후) 종종 신앙과 공적인 공간의 관계에 대해 귀중한 통찰력을 보여 주고 있지만 거의 실행되지 않고 자료로만 남아 있다. 세속화론 및 정치적 공간과 종교 사이의 '분리의 벽'은 둘 다 유럽과 미국의 맥락에 그 기원이 있으며, 아시아에는 관련성이 거의 없다. 2005년에 발표한 회칙 「하느님은 사랑이십니다」에서 교황 베네딕도 16세는 공의회에서 보듯이 제한된 공간의 자율성을 존중하는 "국가와 사회의 정의로운 질서는 정치의 핵심 임무"라는 점을 분명히 밝혔다.[20] 정의로운 사회와 시민 질서를 세우는 것은 정치적 과제로서, 교회의 긴급한 책임은 아니다. 교황은 "교회는 국가를 대신할

---

20 「하느님은 사랑이십니다」 28항.

수 없으며 또 그래서도 안 된다"고 했다. 그러나 이렇게 말한다고 하더라도 교회의 책임이 결코 줄어드는 것은 아니다. "교회는 이성적인 토론의 길로 그러한 투쟁에 들어서야 하며, 그 정신적인 힘을 다시 일깨워야 한다. 그러한 힘이 없으면 항상 희생을 요구하는 정의는 구현될 수도 없고 진보할 수도 없다." 또 교황 베네딕도 16세는 교회의 역할은 "정치 생활에서 양심을 형성하도록 돕고, 정의의 참된 요구에 대한 통찰력을 더욱 키우며, 그 요구가 개인의 이익과 갈등을 빚는 상황에서도 정의에 따라 기꺼이 행동하도록 촉구하는 것"이라면서, 이는 "이성의 정화와 윤리 교육을 통하여" 이루어진다고 지적했다.[21] 이러한 원칙을 구체적인 상황에서 실천으로 옮기기 위해서는 많은 작업이 필요하며, 그것이야말로 공공신학의 과제다.

결론

진보와 풍요 속에서조차 주변화된 사람이 많이 있다는 것은 대부분의 아시아 국가의 일상생활을 특징짓는다. 이들의 삶의 맥락은 생존뿐만 아니라 공적 공간에 정당하게 참여하기 위한 끊임없는 투쟁과 얽혀 있다. 그것은 한나 아렌트가 우리에게 이해할 수 있도록 도움을 주듯이 그들의 발언권과 행동권을 확인하는 투쟁이며, 한마디로 시민권을 위한 것이다. 우리는 그 투쟁의 역학 관계, 곧 주변화된 사람이 공적 공간에서 자신의 주체성을 협상하는 방식을 이해하

---

21 「하느님은 사랑이십니다」 28항.

기 위해 둘람필리에서 일어난 투쟁의 역학을 탐구하고자 시도했다. 앞길이 불투명하지만 다른 길은 없다. 아시아 공공신학은 토착민, 달리트, 여성 등 주변화된 사람들의 경험으로 끊임없이 단련되지 않는 한 사산될 가능성이 높다.

　아시아 공공신학은 여전히 형성 중에 있다. 어떤 의미에서는 주변화된 사람들의 투쟁을 통해서 아시아 사회 주변부에서 이미 공공신학이 형성되고 있다. 그 주변부는 현대 미디어의 조명이 비추지 않는 곳에서 종종 발생하는 이러한 투쟁에 우리의 눈과 귀를 열도록 초대한다. 주변부 사람들은 공적 공간에서 자신들의 상징성뿐 아니라 공공신학에 공헌할 수 있는 자신들의 잠재력도 성찰하라고 우리를 초대한다. 그들은 신학이 중심부만이 아니라 주변부와도 관계를 맺으면서 공공신학이 되라고 신학이라는 학문에 도전하고 있다. 신앙 전통은 자기 신도에게 집착하는 고유한 경향이 있지만 그 울타리를 넘어서는 밖을 향한 지향도 있다. 오늘날 우리는 복음의 가르침을 거스르는 소외에 직면해 있으며 그러한 모순의 한가운데에서 아시아 공공신학에 대해 말하고 있다. 아무도 소외되지 않는 세상을 꿈꿀 수 있도록 주변화된 사람들의 투쟁에 관심을 갖고 지지하며 정당성을 부여해야 한다. 모든 사람이 초대된 혼인 잔치의 비유는 하느님 계획의 포괄적인 전망을 잘 보여 준다(루카 14,16-24). 그것은 보편적 정의와 평화를 지향하는 인간 연대의 정신으로 활기를 띤다. "불의가 있는 곳 어디서나 정의에 위협이 된다." 마틴 루터 킹의 이 말은 참으로 예언적이다. 그렇기에 우리는 주변화된 이들의 모든 투쟁은 동시에 소외가 없는 상태로 되돌리려는 시도라고 덧붙일 수 있다. 풀람필리의 투쟁은 우리에게 공적 공간에서 모든 것이 절망적인 것은 아니라는 비유가 된다.

5장

다종교 사회에서의
공공신학

마이클 아말라도스Michael Amaladoss S.J.

세계와 인도의 다종교적 상황은 점점 명확히 드러나는 동시에 더욱 갈등이 심해져 간다. 각 종교는 자신의 정체성과 차별성을 확인하려고 하기 때문에 분쟁은 종교 사이의 거리를 더 벌리는 경향이 있다. 갈등 상황에서 평화를 추구하는 것은 종교 사이의 대화와 협력을 요구한다. 널리 회자되어 온 것처럼, 종교 간 평화 없이 세상에 평화는 없다. 나는 내가 말하고자 하는 생각을 요약하는 것으로 이 글을 시작하려 한다.

공공신학은 공적 공간에서 행해지며 공적 생활에서 생기고 부덧치는 문제를 성찰한다. 공공신학이 정치 영역을 완전히 배제할 수는 없지만 정치보다는 시민사회와 관련이 있다. 그러나 종교와 국가의 엄격한 분리는 유지되어야 한다. 신학은 '이해와 권한 이양을 통해 세상 속에서 삶의 변화를 추구하는 신앙'이라고 할 수 있기 때문에 공공신학은 공공 생활의 변혁을 추구한다. 신학은 종교와 계시에서 그 원천을 찾는다. 그러나 다종교적 상황에서 공공신학은 자기 신앙 전통에 뿌리를 두고 있으면서도 다른 신앙 전통에서 비롯되는 여러 신학과 대화할 필요가 있다. 함께 살아가는 다양한 종교의 신앙인들은 자유와 평등의 공동체, 우애와 정의의 공동체를 건설하려는 전망 속에서 인간적·사회적·영적 가치들을 지지하고 촉진할 수 있다.[1]

나는 다종교 사회에서 공공신학의 가능성을 철학적으로 설명하거나 변호할 생각은 없다. 차라리 나는 실제적인 예를 보여 주려 한다. 그러나 그 전에 먼저 그러한 공공신학의 가능성을 부정하는 이념이 어떤 근거에 기초해 있는지를 명확히 밝히려고 한다.

장애물

어떤 사람들은 세속 사회의 공적 공간에서는 종교가 어떤 자리

---

1 공공신학의 도전과 관련해서는 다음을 참조하라. Felix Wilfred, "Asian Public Theology", in Vimal Tirimanna (ed.) *Harvesting from Asian Soil: Towards an Asian Theology*, Bangalore: Asian Trading Corporation (2011) 138-149; *Asian Public Theology: Critical Concerns in Challenging Times*, Delhi: ISPCK, 2010.

를 차지해야 한다는 것을 부인할 것이다. 그들은 종교가 사적인 영역에서만 어떤 역할을 할 수 있다고 본다. 예를 들어, 프랑스에서처럼 몇몇 사람은 이런 부정적 세속주의를 거의 종교적으로 지지할 것이다. 이는 종교를 심하게 오해하거나 부정하는 일이다. 참된 신앙인이라면 자신의 신앙이 사생활에만 영향을 끼치며 공적인 삶을 이끌 도덕적·정신적 가치에 대해서는 아무 말을 하지 말아야 한다고 여기지는 않을 것이다. 인권과 사회적 권리, 또 의무와 관련된 논의는 도덕적이고 종교적인 근거를 바탕으로 한다. 그러므로 공공신학은 가능하고 또 필요하다. 그렇다고 여기서 철학적이거나 호교론적인 주장을 하려는 것은 아니다. 나는 단지 부정적인 세속 이데올로기가 대다수 신앙인들의 종교적 확신에 제대로 부응하지 못한다고 말하고 있을 뿐이다.

또 어떤 사람은 종교가 대부분 세속과는 '다른 세상'에 관심이 있다고 주장할 것이다. 이들은 세속적이거나 물질적인 것보다는 영적인 것을 말한다. 또 우리에게 세상에서 살면서 더 좋게 만드는 것보다 세상을 등지라고 가르친다. 마르크스는 이런 이들이 가난한 사람에게 하늘에 떡이 있다고 가르치는 인민의 아편인 종교를 권한다고 비판한다. 이러한 모습은 모든 종교에서 보이는 일부 집단에 해당된다고 할 수 있다. 이 사람들은 세상을 버려야 하는 짐으로 보거나 아니면 완전히 타락해서 구원받을 수 없는 것으로 본다. 그래서 가장 좋은 삶은 세속에서 숲이나 수도원으로 물러나 혼자서 죽음을 기다리는 성스러운 삶을 사는 것이다. 그런 무리가 오늘날에도 있다. 그러나 국민 대다수는 이런 생각이나 태도로 살지는 않을 것이다. 대개 사람은 안식일이 인간을 위해 있지, 인간이 안식일을 위해 있는 것은 아니라고 본다. 사회적 · 종교적 개혁 운동은 온갖 종교적인 특징을 띠어 왔다. 예언자는 종종 죽임을 당할지라도 역사에서 결코 사라진 적이 없다. 또 때로 종교는 매우 세속적인 목적을 달성하기 위한 정치적 세력처럼 이용되어 왔다.

또 다른 그룹에 속하는 이들은 종교 근본주의자이다. 이들은 자기 종교가 유일한 진리라고 생각하기 때문에 삶의 모든 영역, 곧 경제적 · 정치적 · 사회문화적 · 종교적 영역을 통제할 권리를 가지고 있다고 믿는다. 다른 종교 집단은 용인될 수도 있고 그렇지 않을 수도 있다. 그래서 사람들은 근본주의자 앞에서 다종교 사회에 대해 말할 수 없다. 종교를 이렇게 정치적으로 이용하는 것이야말로 분파주의다. 우리는 모든 종교에서 이런 근본주의자와 쉽게 마주친다. 근본주의는 강경할 수도 있고 온건할 수도 있다. 오늘날 가톨릭 교회에는 종교 다원주의가 사실상 존재할 수는 있지만 권리는 아니라고 주장하는 단체들이 있다. 이런 단체는 타 종교가 결국 사라지게 되어 있다고 본다. 또 이들은 근본적인 의미에서 신학은 공적이어야 하지만 다종교적이어서는 안 된다고 본다. 타 종교는 발언권이 없거나, 그들의 표현을 빌리자면 '오류는 권리가 없다'. 비록 이들이 모든 것을 정치 문제로 돌린다고 하더라도 이런 집단이 오늘날 세상에 존재하지 않는다는 착각에 빠지지 말자. 위에서 말한 그룹 어느 하나에 속하는 사람은 다종교 사회에서 공공신학을 말할 수 없다. 잠시 그들을 잊고 공공신학을 할 수 있는 조건에 집중하기로 하자.

세속 사회, 이상적인 정치적 틀

공공신학이 이루어질 수 있는 이상적인 정치적 환경은 종교에 부정적이지 않고, 모든 종교에 개방적이고 동등하게 긍정적인 세속 사회다. 인도는 헌법상 그런 나라다. 모든 종교를 자유롭게 믿고 전파할 수 있음은 긍정적이다. 소수 종교는 다수 종교의 잠정적인 지배로부터 조심스럽게 보호받는다. 소수 종교에 속하는 이들은 자신의 세속 생활을 관장하는 법체계를 자유롭게 따를 수 있다. 한편에서는 이들이 하나의 공통 시민법에 접근하려는 열망이 있지만 이런 일은 지난 60년 동안 일어나지 않았다. 그 이유는 종교와 사회문화 사이의 연관성이 모든 종교에서 똑같이 받아들여지지 않기 때문이다. 또한 다수 중심의 민주적 질서 속에서 '공통'이라는 것이 실은 이 다수를 의미할지도 모른다는 두려움도 있기 때문이다. 인도는 이런 모든 단점이 있지만 공공신학이 가능한 다종교적 세속 사회다. 아시아와 세계의 많은 다종교 사회에서는 그렇지 않을 수도 있다.

다원적 종교신학

종교가 서로를 진지하고 긍정적으로 받아들이지 않는다면 다종교 사회에서 공공신학은 불가능하다. 종교적 다원주의는 "모든 종교는 동일하다"거나 "모든 종교는 동등하다"와 같은 단순한 선언을 의미하지는 않는다. 종교다원주의는 한 종교가 타 종교를 절대자에 이르는 하나의 길로 정당하게 인정함을 뜻한다. 모든 종교가 그렇듯이 그 종교에게 특별한 지위를 주는 셈이 된다고 하더라도 말이다. 근본주의를 논외로 하고 종교 자체를 보면, 모든 종교가 각기 나름의 방식으로 다른 종교를 위한 여지를 두어 대화나 협력이 가능하도록 하는 것처럼 보인다. 그러면 여기서 다양한 종교를 살펴보도록 하자.[2]

힌두교는 아마도 다른 종교에 가장 개방적인 것으로 보이는데, 왜냐하면 우주론적이고 초우주론적인 다양한 종교 전통을 한데 모은 일종의 종교적 우산이기 때문이다. 리그 베다의 다음 본문은 잘 알려져 있다. "존재는 하나인데 현자들은 그것을 많은 이름으로 부른다."[3] 우파니샤드의 탐색은 종교를 포함해 모든 다양성을 부정하지 않고 현자들을 범아일여梵我一如의 경지로 초월하도록 이끈다. 바가바드기타에서 크리슈나는 최고 신성이 하나임을 알고 이렇게 말한다. "사람들이 어떤 방식으로 나에게 다가오든, 나는 그에 따라 그들에게 베푼다"(4,11). 남인도의 성취한 자들(Siddhas)은 "사랑은 시바Siva"라고 선언함으로써 다양한 종교가 함께 모일 수 있는 원칙을 제시한다. 바사반나Basavanna는 노래한다. "하느님은 오직 한 분이지만 많은 이름이 있다. 충직한 아내는 오직 한 분의 주인만을 안다"(613).

---

2 우리는 이 영역에서 아주 독창적이기는 어렵기 때문에 이하의 내용은 내가 전에 쓴 두 권의 책에 이미 제시된 자료를 사용할 것이다. Cf. M. Amaladoss, *Making Harmony: Living in a Pluralistic worlds*, Chennai: IDCR, 2003; *Life in Freedom: Liberation Theologies from Asia*, Anand: Gujarat Sahitya Prakash, 1997.

3 *Rig Veda*, 1,164,46.

놀랍게도 간디는 나중에 같은 이미지를 사용한다. 라마크리슈나는 말한다. "모든 길을 통해 신을 깨달을 수 있다. 모든 종교는 진실하다. 중요한 것은 지붕에 도달하는 것이다. 돌계단이나 나무계단, 또 대나무계단이나 밧줄로도 도달할 수 있다." 라마크리슈나의 전통은 비베카난다로 이어지는데, "모든 강이 바다로 흘러드는 것처럼 모든 종교는 하느님에게 이른다"는 유명한 말의 배경이 되기도 한다.

불교는 실재를 두 차원으로 구분한다. 초월적인 차원에서, 사람들은 열반에 이르기 위해서 팔정도를 따라가야 한다. 세속적인 차원에서, 종교는 초월적인 차원에 이르는 길이 될 수 있다. 이것이 불교가 다른 어떤 종교보다도 아시아의 다양한 문화적·종교적 전통에서 매우 쉽게 토착화될 수 있는 까닭이다.

그리스도교의 하느님은 일부 그리스도의 제자들이 배타적인 태도를 가졌다고 하더라도 포용적이다. 지혜인 하느님은 창조 때부터 모든 민족에게 다가온다(잠언 8,24-32; 창세 1,1-31). 예수는 유대인이 아닌 이방인에게서 더 깊은 믿음을 본다. 백인대장(마태 8,10)과 사마리아 여인(요한 4,23-24)과 가나안 여인(마태 15,28)이 그렇다. 유대인과 이방인에 대해 사도 바오로는 매우 분명한 태도를 취한다. "하느님께서는 각자에게 그 행실대로 갚으실 것이다. … 하느님께서는 사람을 차별하지 않기 때문이다"(로마 2,6,11). "하느님은 유대인만의 하느님인가? 다른 민족의 하느님은 아니신가? 그렇지 않다. 다른 민족의 하느님이기도 하다"(로마 3,29). 요한에 따르면, 하느님의 말씀은 "모든 사람을 일깨우는 진정한 빛"(요한 1,9)이다. 모든 종교적인 벽을 무너뜨리는 최종적인 기쁨의 이미지는, 사람들이 어느 종교에 속하느냐에 따라서가 아니라 가난한 이와 가장 곤궁한 이에게 행한 행동으로 심판받는다는 최후의 심판에 대해 예수가 제시하는 이미지다(마태 25,31-46 참조).

이슬람과 관련해 쿠란에서 자주 인용되는 구절이다. "종교에는 강요가 없어야 한다"(2,256). 또 다른 구절은 종교적 차이를 하느님의 뜻이라고 설명한다. "주님의 뜻이 있었다면 지상에 있는 그들 모두가 믿음을 가졌을 수도 있었다. 그대는 백성들을 강요하여 믿게 하려는 것인가!"(10,99). 메디나에서 반대하는 '책 속의 사람들'(유대인과 그리스도교인)과 마주한 예언자 무함마드는 이렇게 말했다. "너희에게는 너희의 종교가 있고 나에게는 나의 종교가 있다"(109,6).

많은 이들이 인용하는 이 몇 안 되는 구절이 그다지 강한 인상을 주지 않는다고 생각할 수도 있다. 그러나 이 구절들은 매우 조심스러워하면서도 관용의 정신을 증거한다. 뒷날 일부 무슬림은 훨씬 더 개방적이 된다. 수피 성자 루미가 노래한다. "어떤 예배 방식이 더 좋거나 더 나쁘다고 순위를 매길 수는 없다. 힌두교 신도는 힌두교적으로 하고 인도의 드라비다인 무슬림은 그들의 방식대로 한다. 모든 것이 경배이고, 다 좋다."[4] 그는 또 "길은 여럿이지만, 목표는 하나다. 카바까지 가는 길이 많다는 것을 보지 못하느냐?"[5]고 말한다.

---

4 Karen Armstrong, *A History of God*, London: Vintage (1999) 278-279에서 인용.

5 Seyyed Hossein Nasr, *Sufi Essays*, New York: Schocken (1977) 149에서 인용.

이렇게 종교는 다른 사람을 위한 여지를 둔다. 이런 개방성의 배경에는 하느님의 유일성이 있다. 개방성은 내키지 않더라도 참는 인내를 길러 주기도 하고 때로는 적극적으로 인정해 서로를 풍요롭게 하는 데에 도움을 준다. 개방성은 사람들이 교류하는 공적 공간에서 대화와 협력을 위한 이상적인 틀을 제공한다. 이 공적 공간은 서로 교류하는 영역으로, 엄격히 종교적인 것이 아니라 오히려 세속적인 것이다. 바로 이 세속적 차원에서 공공신학이 발생할 수 있다. 이는 종교가 하느님뿐 아니라 이 세상과 세상의 문제에 관심을 돌리게 되었다는 것을 상정한다. 그러므로 우리는 종교가 해방지향적이라는 것을 보여 줘야 한다. 이에 대해서는 더 자세히 설명하겠다.

종교와 해방

종교가 공공 생활에서 어떤 역할을 했는지 역사를 통해 추적하는 일은 흥미로울 듯하다. 그러나 나는 초점을 현재에 두고 있기에 이 글에서 그런 탐구는 불필요하다. 오늘날 종교는 단순히 내세에 관심을 갖는 것이 아니라 현 사회의 윤리적 가치를 변호하고 촉진하는 데에 관심이 있다. 이런 지향성이야말로 공공신학을 가능하게 한다. 나는 종교의 교리적 · 제도적 체계를 분석하는 것이 아니라 공공 생활에서 해방하는 역할을 하는 지도자와 운동을 제시함으로써 이것을 설명하려 한다. 이 글은 포괄적이기보다는 실례를 들어 환기하는 작업이 될 것이다.

힌두교

　20세기 인도의 공공 생활에서 중요한 역할을 한 많은 힌두교 지
도자 중에서 마하트마 간디(1869~1948)와 스리 나라야나 구루Sree Na-
rayana Guru(1855~1928)를 꼽을 수 있다. 간디는 사회-정치적 변화를
가져오기 위한 전략으로서 비폭력 불복종(사티야그라하)을 적극 옹호
한 지도자로 근대 세계에 우뚝 서 있다. 이 비폭력 방법의 원천은 여
러 종교의 지혜, 이를테면 자이나교, 그리스도교, 힌두교 등의 영향
을 받았다. 그는 무슬림에게 다가가기 위해서도 최선을 다했다. 간
디는 마틴 루터 킹과 넬슨 만델라 같은 세계 지도자에게 영감을 주
었다. 간디는 자신을 정치로 이끈 것은 종교적 신앙이라고 강조했
다. 그가 모든 노력을 기울인 목표는 진리였으며 그 진리는 그에게
신의 다른 이름이었다. 진리는 사랑의 다른 표현과 같은 아힘사, 곧
비폭력을 통해서만 얻을 수 있다고 느꼈다. 그는 다음과 같이 말한
다. "신이 숭배받을 수 있는 가장 좋은 장소는 살아 있는 피조물이
다. 살아 있는 이들 가운데 고통받는 이들과 불구자들과 무력한 이
들의 기도야말로 참으로 신을 섬기는 예배이다."[6] 그는 아래와 같이
아힘사의 전략을 설명한다.

　모든 악한 생각, 지나친 성급함, 거짓말과 증오, 누구든 잘못되기를
　바라는 마음 등이 아힘사의 원리에 흠집을 낸다. … 아힘사는 단순

---

　6 Ignatius Jesudasan, *A Gandhian Theology of Liberation*, New York: Orbis Books
(1984) 70.

히 해가 없는 소극적인 상태가 아니라 심지어 악을 행하는 사람에게
도 선을 베푸는 적극적인 사랑의 상태다. 그렇다고 악한 자가 잘못
을 계속 범하도록 돕거나 그냥 둠으로써 묵인하는 것을 의미하지는
않는다. 오히려 그와는 반대로 아힘사의 적극적 의미인 사랑은 비록
악을 행하는 이에게 불쾌감을 주거나 개인적으로 상처를 입힐지언
정 그와 관계를 끊음으로써 저항할 것을 요구한다.[7]

스리 나라야나 구루는 하층 카스트로 인도 남부 케랄라에서 살았다.
그는 하층 카스트 그룹의 해방운동을 조직했으며 이들이 경제적·
정치적 세력으로 성장하는 데 도움을 주었다. 암베드카르처럼 힌두
교를 버리는 대신에, 힌두교 내부에서 나온 불이론不二論적 힌두교
를 재해석하는 것을 통해 그 과업을 성취했다. 그 바탕에는 모든 존
재가 하나로서 평등하다는 것을 확인해 주는 그 불이론 원칙이 있다
고 강조했다.

> 하나의 자티Jati(카스트), 하나의 종교, 하나의 하느님이듯 같은 피와
> 몸을 가진 사람에게는 차이가 없다. … 하느님은 모든 사람의 보편
> 적인 아버지이고 모든 생명은 그분의 생명이며 모든 활동도 그분에
> 게 속한다. 이 근본적 일치를 깨닫는 것이 진정한 종교다. 하느님의

---

7 Mahatma Gandhi, *From Yerawada Mandir: Ashram Observances*, Ahmedabad: Nava-
jivan Press (1959) 8.

눈에는 모두가 당신 자녀이며 그래서 우리는 형제자매다.[8]

또한 스리 나라야나 구루는 불이나 빛처럼 하느님을 표현하는 우주적 상징 주변에 사원을 세웠다.

불교

불교는 종종 세상을 등지는 가르침으로 여겨진다. 그러나 현대 불교 지도자들은 사회에서 해방적인 기능을 하는 불교를 발전시켰다. 태국의 붓다다사(1906~1993) 스님은 불교의 진리(Dharma)는 사회주의적이며 미국의 자본주의와 소련의 공산주의에 대항한다고 선언했다.[9] 붓다다사에 따르면, 이 주장은 연기설과 무아설에 바탕을 둔다. 그는 자신의 다르마적 사회주의(Dharmic Socialism)를 분명히 설명한다.

사회적 문제를 해결하는 것은 사회에서 도덕적인 방식으로 사는 것과, 자연의 순리에 따라 삶으로써 공동체 전체의 유익을 최고로 여기고 행동하는 것, 단순한 필요 이상으로 상품 소비를 피하는 것, 스스로 가난하다고 여기더라도 자신에게 꼭 필요한 것을 제외하고는

---

8 V. Thomas Samuel, *One Caste, One Religion, One God: A Study of Sree Narayana Guru*, New Delhi: Sterling Publishers (1977) 98.123.

9 Bhikku Buddhadasa, *Dharmic Socialism*, Bangkok: Thai Inter-religious Commission for Development, 1986.

모든 것을 다른 사람들과 나누는 것, 만약 부유하다면 부를 너그럽게 나누는 것에 달려 있다.[10]

붓다다사는 국제 참여불교협회(International Society for Engaged Buddhism)와 태국 종교 간 발전위원회(Thai Interreligious commission for Development)에 보이지 않는 영감의 원천이었다. 이 단체들은 그의 폭넓은 관심사를 보여 준다. 그가 시작한 운동은 여전히 술락 시바락사 같은 평신도가 계승해 진행되고 있다.

틱낫한(1926~) 스님은 베트남의 불교 지도자로서 베트남 전쟁 당시 평화를 실현하려는 운동 때문에 조국을 떠나야만 했다. 그는 '상호존재'(inter-beings)에 대한 교설을 발전시켰다. 모든 실재는 상호 의존한다. 그는 평화와 보편적 조화에 대한 관심을 증진하기 위해 접현종接現宗(Order of Interbeing)을 창설했다. 그는 '마음챙김' 실천을 권고한다.

그는 자신의 가르침을 간단하게 요약한다.

불자의 명상 수행은 사회나 가정생활을 피하는 길이 아니다. 올바른 마음챙김 수행은 우리 자신과 가족, 친구 모두에게 평화와 기쁨과 해방을 가져오는 데에 도움을 줄 수 있다. 깨어 있는 생활을 실천하는 사람은 필연적으로 자신과 삶의 방식을 변화시킨다. 그들은 더

---

10 Donald K. Swearer, *Me and Mine: Selected Essays of Buddhadasa*, Albany, NY: State University of New York Press (1989) 180.

단순한 삶을 살며 자신과 친구, 또 주위 생태계와 더불어 순간순간을 누릴 수 있는 시간을 더 많이 갖는다. 다른 사람들에게 기쁨을 주고 이들의 고통을 덜어 주는 데에 더 많은 시간을 할애한다. 그리고 때가 되면 그들은 평화롭게 생을 마감한다.[11]

그리스도교

세바스찬 카펜(1924~1993)은 교조적인 마르크스주의 정당에 환멸을 느낀 뒤 '집착하지 않는 사회주의자들'이라고 부르는 무리와 함께 일했다. 그는 예수를 대항문화의 예언자로 보았다.[12] 예수는 권력에 도취된 사회에서 가난하고 약한 이를 선택했고, 남성이 지배하는 세계에서 여성과 자유롭게 소통했으며, 마음과 의지의 순수성을 옹호하며 예식을 중시하는 형식주의에 도전했다. 인생 후반부 몇 년 동안 카펜은 전통과 현대 문화 양쪽 모두에 반대하는 대항문화를 촉진했다.

전통문화는 의례의 신성함, 사회의 위계적 조직, 친족 관계의 중요성, 집단적 충성심의 확산, 권위에 대한 존중, 주술종교적 세계관 등의 개념을 중심으로 한다. 이와는 대조적으로 부르주아 문화는 합리성, 사적인 이득, 개인주의, 경쟁, 소비주의, 인간관계를 돈으로 환산하는 경향, 질보다 양을 우위에 두는 규범, 효율성의 숭배 등을 강

---

11 Thich Nhat Hanh, *Transformation and Healing*, London: Rider Books (1993) 147.

12 Sebastian Kappen, *Jesus and Freedom*, New York: Orbis Books, 1977.

조한다.[13]

카펜은 사회주의사회에서 전통과 현대성의 긍정적인 가치를 통합하는 문화혁명을 제안한다. 곧 민중이 창조적으로 만들어 나가는 역사에 대한 헌신, 사랑과 연민으로 생기를 얻는 인간의 기획과 노력, 또 그것에 가치를 부여하는 윤리에 대한 관심, 개인주의를 넘어서는 공동체 의식, 모든 두려움을 떨쳐 버리는 성령 안에서의 자유, 안에서부터 활력을 불어넣는 하느님 체험, 내면에 뿌리를 둔 완전히 통합된 인간이 그것이다.[14] 이러한 가치는 모든 신자와 선한 의지를 가진 사람에게 개방되고, 가난한 이에게 투신하는 사랑의 법칙을 따르는 공동체에서 구체화될 때에야만 변혁적일 수 있다.

M.M. 토마스(1916~1996)는 방갈로르에 있는 그리스도교 종교와 사회문제 연구소(Christian Institute for the Study of Religion and Society)의 설립자 중 하나다. 세계교회협의회(WCC)에서 중앙위원회 의장을 맡는 등 중요한 역할을 수행했으며 한동안 나갈랜드의 주지사이기도 했다. 토마스는 그리스도의 현존과 활동을 다른 종교뿐만 아니라 사회운동에서도 보았으며,『인도 르네상스 시기의 승인된 그리스도』(*The Acknowledged Christ of the Indian Renaissance*)[15]에서 이를 자세히 설명한다. 그는 구원을 인간화라고 보았다. 그의 저서 중 하나는『인도의

13 Sebastian Kappen, *Jesus and Cultural Revolution: An Asian Perspective*, Bombay: BUILD (1983) 46.

14 Cf. Sebastian Kappen, *Tradition, Modernity and Counterculture: An Asian Perspective*, Bangalore: Visthar, 1994.

15 Madras: The Christian Literature Society, 1970.

세속 이념과 그리스도의 세속적 의미』(*The Secular Ideologies of India and the Secular Meaning of Christ*)[16]이다. 그는 "사회제도의 혁신을 하느님이 부여한 도덕적 책무로 만드는 것은 사회구조를 넘어서는 인간의 초월성이다. 사회적 의로움이나 정의는 인간 자유의 창조성으로 말미암아 계속 성장하는 역동적인 개념"이라고 했다.[17] 우리는 교회의 사명을 예언자적 대화로 이해했던 토마스를 공공신학의 선구자라고 부를 수 있을 것이다. 그는 이렇게 말한다.

어떤 공통적 종교성이나 신에 대한 공통 감각보다는, 공통된 인간성과 그 안에 있는 자기 초월성이, 특히 현대 세계 내 실존의 인간화와 관련된 문제에 공동으로 응답하는 것이 우리 시대에 여러 신앙이 영적으로 깊이 만나기 위한 가장 효율적인 관문이다.[18]

이슬람

알리 샤리아티(1933~1975)는 샤(Shah)가 지배할 당시 이란의 혁명 지도자였다. 사회학과 종교사학에서 박사학위를 받은 그는 이슬람을 기존의 지배적인 정치체제인 자유주의와 공산주의는 물론 다른 문화권의 대안으로 보고, 이를 새로운 길로 제시하였다.

---

16 Madras: The Christian Literature Society, 1976.

17 M.M. Thomas, *Salvation and Humanization*, Madras: The Christian Literature Society (1971) 10.

18 M.M. Thomas, *Man and the Universe of Faiths*, Madras: The Christian Literature Society (1975) vi.

이슬람은 이 새로운 삶과 운동에 중요한 역할을 할 것이다. 무엇보다도 먼저 순수한 타우히드tauhid(하느님의 유일성) 사상은 우주에 대해 심오하고 영적인 해석을 제공한다. 우주는 고귀하고 이상적이며, 지금 그대로 논리적이고 지적인 것으로 이해한다. 한편, 이슬람은 아담 창조의 철학을 통해 자유롭고 독립적이며 고귀한 본질에 대한 개념을 자체의 인본주의 안에 드러낸다. 그러나 이 본질은 이미 신성하고 이상적인 지상적 실재와 온전히 조율한다.[19] … 이슬람의 원리는 신앙을 위한 끊임없는 투쟁(jihad)과 정의(adalat)에 기초한다. 이슬람은 빵에 주의를 기울이기에 이슬람의 종말론은 기본적으로 이 세상에서 적극적으로 사는 데에 기초한다. 이슬람의 신은 인간의 존엄성을 존중하며 이슬람의 사자使者는 무장을 하고 있다.[20]

알리 샤리아티는 이슬람 문화가 (인도 문화처럼) 완전히 영적이지도, 그렇다고 신비적인 것도 아니며 (그리스 문화처럼) 철학적이거나 (서구 문화처럼) 물질주의적이고 기술적인 것도 아니라고 단언한다. 이슬람은 "신앙, 이상주의, 영성이 뒤섞여 있고, 그러면서도 평등과 정의라는 뛰어난 정신을 지녀서 생명과 에너지로 충만하다"고 본다.[21]

아스가르 알리 엔지니어(1939~2013)는 뭄바이에 있는 보라Bohra

---

19 Ali Shariati, *Marxism and Other Western Fallacies: An Islamic Critique*, Berkeley: Mizan Press (1980) 95.

20 Ali Shariati, *What Is to Be Done? The Enlightened Thinkers and an Islamic Renaissance*, Houston: IRIS (1986) 23-24.

21 *Ibid.*

파 무슬림으로 『이슬람과 해방신학』*Islam and Liberation Theology*이라는 책을 썼다.[22] 그는 종교 간 대화와 해방운동의 열렬한 활동가다. 그의 접근 방식은 원전에 기초를 두고 있다. 엔지니어는 무함마드를 단지 가르침뿐만 아니라 필요하다면 싸움을 통해서라도 무지와 미신, 억압에서 민중을 해방하는 해방자로 이해한다. 쿠란은 하느님의 유일성을 바탕으로 모든 인간의 근본적 일치를 긍정한다. 이러한 일치는 경제적 불균형의 철폐도 포함한다. 정의는 자카트zakat에 따른 균등한 분배를 기본으로 하는데, 자카트는 일종의 재산세와 소득세를 합한 것으로, 국고로 징수되어 가난한 사람과 고아와 과부에게 나누어 주어, 가난한 이의 빚을 갚고 노예를 해방시켜 준다. 이슬람 여성의 실제 지위가 아랍 문화에 영향을 받았을 수도 있지만 쿠란은 여성의 평등(2,228)을 단언한다. 엔지니어는 다른 종교에 대한 개방과 관용, 존경심이 이슬람의 원리라고 제안한다. 그는 분명히 이를 실천했다.

아시아 현대 종교 지도자들이 강조해 왔듯이, 다양한 종교 내 해방적 원리에 대한 연구는 생동적인 다종교적 공공신학의 가능성을 제공한다. 공공신학은 어떻게 실천될 수 있고 또 초점을 둘 주요 영역은 어디인가?

---

22 Delhi: Sterling Publishers, 1990.

공공신학의 실천

공공신학은 비교종교학의 한 분야가 아니다. 또 신학자가 신앙의 관점을 잘 담고 있는 다른 종교의 문헌을 진지하게 탐구함으로써 타 종교 전통으로 접근하는 비교신학도 아니다.[23] 이론적으로 말하자면, 공공신학은 다종교적 신학자 집단이 사회경제적 영역과 문화적 영역에서 사람들의 행동을 지배하는 가치들에 대해 합의하면서 각자 자신의 신앙적 전망 안에서 그 가치들을 뿌리내리려 애쓰는 환경에서 발생한다. 그러면 각자는 동료 신앙인들뿐만 아니라 다른 종교의 신앙인도 이해할 수 있는 담론에 참여하게 된다. 이러한 일이 공공의 영역에서 발생할 때 상호 간의 이해와 도전과 변화가 가능하다. 그 과정에서 모든 종교는 역사적이고 사회문화적인 한계를 인식하고 받아들인다. 모든 종교는 특정 사회와 문화 안에 도입된다. 종교에는 (생존을 위해) 합법화하고자 하는 경향과 (하느님의 이름으로) 예언자적이 되려는 경향이 있다. 다종교적 맥락에서 오는 도전들은 특정 종교가 스스로 합법화하려는 특징을 알아차리도록 할 수 있다.

매우 자주 외부에서 오는 도전이 그에 상응하는 도전을 내부에서 촉발시킨다. 간디가 좋은 예다. 그는 자이나교를 통해 비폭력을 경험하였고, 어린 시절 심하게 잘못한 일을 아버지가 용서해 준 것을 통해서도 비폭력을 배웠다. 간디가 영국에 갔을 때 퀘이커와 같

---

23 Cf. Francis X. Clooney, *Comparative Theology: Deep Learning Across Religious Borders*, Malden: Wiley-Blackwell, 2010.

은 종파를 통해 예수와 그의 산상설교를 마주하게 된다. 남아프리카에서 당한 굴욕도 그의 비폭력 저항을 자극했다. 나중에 간디는 다종교에서 배운 이 비폭력 정신을 바가바드기타와 힌두교 아쉬람 전통안에 정착시킨다. 간디는 이를 실천할 뿐만 아니라 글로도 남긴다. 그는 실천과 성찰을 통해 마틴 루터 킹과 넬슨 만델라 같은 그리스도교 지도자들에게도 영감을 준다. 바로 여기서 공공신학이 수행되고 있음을 본다.[24] 다종교 집단은 공간과 시간에 얽매이지 않는다. 중요한 것은 서로에게 주는 영향이다.

공공신학을 향한 질문

다종교적 맥락에서 공공신학에 대한 오늘의 질문은 무엇이 될 수 있는가? 근본적인 문제는 공적 공간에서 종교의 역할이다. 무엇보다도 먼저 우리는 부정적인 세속주의자와 종교 근본주의자의 압력으로부터 종교를 자유롭게 해 주면서 공적인 시민 공간에서 종교를 위한 장소를 찾아야 한다. 둘째로, 우리는 종교 자체가 가치관과 영감의 원천이며 이를 지지하는 힘의 원천으로서 그 역할을 하고 있음을 이해해야 한다. 셋째로, 우리는 종교를 역사적 · 사회문화적 조건에서 해방시켜야 한다. 예를 들어, 카스트제도가 종교로서 힌두교의 불가결한 요소인가? 만일 불가결하다면 어떻게 간디와 스리 나라야나 구루 같은 힌두인과 인도의 헌법을 기초한 이들 중 대다수가

---

24 Mahatma Gandhi, *The Story of My Experiments with Truth*, Ahemedabad: Navajivan, 1927.

불가촉천민이라는 신분을 비종교적이고 불법적이라며 거부할 수 있었겠는가? 수브라마니야 바라티Subramaniya Bharati와 같은 시인이 어떻게 고대의 타밀 시를 인용해 오직 두 카스트만, 곧 부를 공유하는 자와 그렇게 하지 않는 자만 있다고 주장할 수 있었겠는가? 이렇게 종교가 자유롭지 못하면 공공신학에 참여하기 어렵고, 특히 다종교적 환경에서는 더욱 그렇다. 종교는 때로 타 종교와 이데올로기의 도전에 직면해 자기 개혁에 나설 수 있도록 자유로워야 한다.

종교-문화적 경계에서 나타나는 유사한 질문들은 종교와 사회에서 여성의 역할, 미디어와 자본주의의 세계화라는 도전, 경제적·정치적 이주민의 곤경, 그리고 개인적·사회적 생활에서 자연과 피조물의 장소에 관한 문제이다. 양도할 수 없는 인간적·사회경제적 권리와 의무는 아시아 여러 지역에서 종교문화적 구조 때문에 위협받는 문제이기도 하다. 인권선언을 지지한 많은 나라가 이를 실천하지 않으며 사회경제적 권리도 돌보지 않는다. 위에서 본 바와 같이 나는 어떤 종교도 넓은 의미의 사회적 정의에 반대한다고 생각하지 않는다. 그러나 많은 종교인은 세속주의의 맹공격에 직면해 뒤로 물러나면서 공공 생활에 관심이 없을 수도 있다. 종교인의 사회적 책임에 대해 어떻게 이들을 일깨우느냐 하는 것은 공공신학의 시급한 문제이기도 하다.

6장

위기의 시대에 사회주의를 탐색하다: 공공신학에 대한 문제 제기

가브리엘레 디트리히Gabriele Dietrich

현 상황에서, 특히 '공공신학'과 관련된 논의에서 분파주의 확산과 파시즘의 망령은 확실히 알아야 할 주제다. 일찍이 나는 사회주의 전망 상실의 배경에 관해 글을 쓴 적이 있다. 냉전의 역사, 동유럽 지역 중에서도 특히 소비에트연방에서 실제로 존재하는 사회주의의 해체를 주로 다루었다.[1] 당시 우리는 여전히 아시아가 약간 다르다

---

1 Cf. Gabriele Dietrich, "Loss of Socialist Vision and Options before the Women's Movement", in *Economic and Political Weekly*, vol. XXXVIII, no. 43 (Oct. 2003) 454-455; Frigga Haug (ed.) *Briefe aus der Ferne. Anforderungen an ein feministisches Pojekt heute*, Hamburg: Argument Vlg (2010) 64-90.

고 느꼈는데, 왜냐하면 캄보디아 인구의 상당 부분에 해당하는 사람을 학살한 사실이 그늘을 드리우기는 했어도, 베트남 땅에서 치른 전쟁에서 미국에 승리했기 때문이다. 게다가 중국 혁명의 역사도 있었다. 그러나 효율적인 국가자본주의를 건설하기 위해 세계무역기구에 가입하려는 경쟁과 1989년 텐안먼 광장에서 벌어진 사태가 내리누르는 중압감으로 점차 그 혁명의 역사는 희미해져 갔다. 내가 보기에 북한과 미얀마는 전체주의, 중앙집권화, 군사주의적 특성 때문에 사회주의라고 부를 수 없다. 또 이 두 나라는 어떠한 형태의 논쟁이나 인민의 참여, 또는 민주주의도 애써 피해 왔기 때문이다. 미얀마에는 변화의 조짐이 있지만 여전히 중국의 영향은 압도적이다. 민주주의를 억압하고, 특히 인민의 시선을 유혹하는 자본주의적 소비주의라는 당근으로 사회변혁 프로그램을 대체함으로써 사회주의는 악화되었다. 따라서 부자와 빈민 사이의 양극화, 자본주의 위기, 생태계 악화, 분열적인 정치의 양극화가 심화되고 있는 이 시대에 민주주의, 국민의 참여, 사회정의, 사회 변화에 대한 물음이 가장 중요한 것으로 대두되었다.

모순의 확장과 심화

우선 아시아를 포함해 현 세계정세에서 모순이 어떻게 확대되고 심화되는가를 보자. 자본주의는 실제로 위기에 처해 있고, 지구화된 세계에서 "개발 따라잡기"는 파국으로 치달을 수 있음을 이해하는 것이 필요하다. 아시아에서 개발 경쟁이 치열하다는 점은 흥미롭다. 특히 중국과 인도 사이에 경쟁이 두드러짐에 따라 정치 관계가 위태로워지는 상황으로 이어졌다. 예를 들어 미얀마의 상황을 살펴보면 이 나라는 중국의 기업들이 들끓고 있고, 인도는 석유를 둘러싼 이권과 북동부 지역의 나라들과 국경을 편리하게 통제하려는 이유로 (민간 정부라는 외피를 만들어 내려고 하는) 군사정권을 옹호하고 있다. 인도 정부의 '동방을 보라'(Look East) 정책은 동남아시아 지역에서 더 많은 기업 이윤 창출을 목표로 하며, 세계 최대의 민주주의 국가라는 주장을 완전히 뒤엎었다. 인도 정부는 아웅산 수치 여사에게 돌이킬 수 없을 정도의 실망감을 안겨 주었다.[2] 이 배신은 전체 민주주의 운동에 거의 재난 수준으로 영향을 주었다. 기업 이윤과 비재생 에너지 자원에 대한 치열한 경쟁이 이러한 배신을 촉진했다. 또한 최근까지 미얀마에서 벌어진 풍부한 수자원을 둘러싼 국제적 경쟁이 이를 더 부채질하는 면이 없지 않다.

인도와 더 넓게는 아시아 상황과 관련이 있는 유럽의 몇몇 논쟁에서 두 측면이 두드러졌다. 유럽이 세계경제를 지배하고 있는 미국에 대해 비판하고 있다는 것을 이해할 필요가 있다. 현 정부가 국제 금융기구의 꼭두각시이기 때문에 이는 인도의 문제이기도 하다. 그뿐 아니라, 인도는 미국의 핵 정책과도 묶여 있다. 123협정[3]은 만모

---

2 Cf. Aung San Suu Kyi, *Freedom from Fear and Other Writings*, London: Penguin Books, 1991.

3 123협정은 1954년 제정된 미국 원자력 에너지법 제123조(외국과의 협력)에 의거하여 미국의 핵(물질, 기자재, 기술)을 사용하려는 국가와 미국 간에 맺어진 원자력 협력 협정이다. 2005년 7월 18일 미국의 조지 W. 부시 대통령과 인도의 만모한 싱 총리가 체결한 협

한 싱 총리의 "가장 위대한 업적"으로 알려져 있다. 이 광기는 심지어 후쿠시마 핵발전소 붕괴의 영향 아래서도 완고하게 지지되어 왔으며, 25년 전 발생한 체르노빌 핵발전소 붕괴보다 더 심각한 방사선이 쏟아졌다는 보도도 있었다.[4]

이러한 이유로, 남아시아와 동남아 국가는 유럽의 이 논쟁에 주목하는 것이 중요하다. 이 논쟁에는 관련이 깊은 두 측면이 있다. 하나는 국가별로 불평등이 심화되면서 사회적 조화와 삶의 질이 파괴되고 있다는 인식이다. 이러한 측면은 두 영국 작가가 『평등이 답이다』라는 연구서에서 인내심 있고 설득력 있게 그려냈다.[5] 리처드 윌킨슨과 케이트 피킷은 미국, 영국, 그리고 서유럽 국가의 불평등 정도를 측정했다. 또한 이를 공해, 보건, 10대 임신, 범죄, 민주적 참여, 질병 및 사망률, 또 몇 가지 더 많은 지표와 연결시켰다. 경제적 양극화가 크지 않은 국가에서 삶의 질 지표가 더 고무적인 결과를 나타냈다는 것이 놀라울 정도로 명백해졌다. 분명히 이 책은 현재 유행하고 있는 정치적 · 경제적 경향과는 철저히 상반되지만, 어떤 극단

정에 따르면, 인도는 자국의 민간 핵시설과 군사 핵시설을 분리하고 모든 민간 핵시설을 국제원자력기구(IAEA)의 통제 아래 두기로 합의했으며, 그 대가로 미국은 인도와 완전한 민간 차원의 핵협력을 위해 노력하기로 합의했다. —옮긴이 주

4 "Radiation and Life Cannot go Together", A Report from Japan, accessed on Dec. 22, 2011, www.dianuke.org; Micheal Chossudovsky, "Fukushima, A Nuclear War without a War: The Unspoken Crisis of Worldwide Nuclear Radiation", in *Global Research*, Jan. 25, 2012.

5 Richard Wilkinson and Kate Pickett, *The Spirit Level: Why Equality is Better for Everyone*, London: Penguin Books, 2010.

적인 정치적 · 이념적 주장은 하지 않는다. 이와 비슷하게 영국 정부 기관이 생태학적 위기가 심각해지자 그에 대한 대응으로 현재의 개발 패러다임에 대해 과감히 의문을 제기했다는 것은 매우 흥미롭다.

이는 생태 위기가 정치에서 이제 상당한 비중을 차지했음을 인정하는 데에 기초하기 때문에 상당히 설득력이 있다. 이 문제는 매우 오래되었고, 1970년대 초 로마클럽 보고서를 통해 처음으로 대중에게 알려졌다. 더욱 현저해진 재난과 관련한 보고가 매 10년 주기로 발표되었다는 점도 중요하다.[6] 이제 논의는 '공해'와 자원 부족에서 '생태 발자국 지수'와 지구의 재생 능력보다 더 많은 자원을 소비한다는 의미의 '생태 용량 초과'라는 개념으로 옮겨 가고 있다. 우리는 마침내 개발 개념으로서 무한 성장이 지속 가능하지 않다는 것을 인정하는 단계에 이르렀다.

흥미롭게도, 영국 정부 기관 내에서 무한 성장과 생태적 균형은 양립할 수 없다는 것을 인정한 연구가 있었다.[7] 물론『성장 없는 번영: 유한한 행성을 위한 경제학』이라는 꽤 괜찮은 제목에도 불구하고 자본주의에 대한 비판은 포함되지 않았는데, 그 까닭은 기업들이 이 '유한한 행성'에 적응하리라고 가정했기 때문이다. 이것은 석유와 가스뿐만 아니라 기업의 물 절도와 관련된 엄청난 경쟁을 과소평

6 Donella Meadows, Jorgen Randers, David Meadows, *Limits to Growth: The Thirty Years Update*, London: Earthscan, 2006.

7 Tim Jackson, *Prosperity without Growth: Economics for a finite Planet*, London & Washington: Earthscan, 2009.

가하고 있다.[8] 국가 내에서나 국가들 사이에서 빈부의 양극화가 심화되고 있다는 것은 그 상황이 전쟁의 위험에 처해 있음을 보여 준다. 엘렌 마이크신스 우드 같은 좌파 미국 작가는 세계 수준에서 미국이 합의문 용어를 마음대로 정할 수 있도록 하는 제국주의는, 경제적 패권 추구에서 비롯되었을 뿐만 아니라 군사적 패권주의에 의해 뒷받침된다고 본다. 그것이 단지 무역에 바탕을 둔 것이 아니라 무력에 바탕을 두고 있다는 것을 설득력 있게 보여 왔다.[9] 팽창주의 정책이 미국의 노동인구에 어떤 영향을 주는지에 대한 인기 있는 분석이 만화로 만들어지기도 했다.[10] 이런 종류의 체제 구축과 이념적 기반은 일찍이 나오미 클라인이 『쇼크 독트린』에서 상세히 추적한 바 있다.[11] 클라인은 이 책에서 브레튼우즈 체제와 냉전 문제를 폭넓게 다루며 미국 지배하의 전지구적 세계 체제를 지지하는 워싱턴 합의(Washington consensus)[12]를 향한 조직적인 지원도 밝히고 있다.

2008년 미국 주택 시장과 헤지펀드 폭락으로 촉발된 금융 위기는 2년 넘게 지나서야 회복됐다. 현 상황에서 미국은 경제적 패권을

8 Maude Barlow and Tony Clarke, *Blue Gold: The Fight to Stop the Corporate Theft of Water*, London: Earthscam, 2003.

9 Cf. Ellen Meiksins Wood, *Empire of Capital*, New York: Verso, 2005.

10 Joel Andreas, *Addicted to War*, Indian Edition, Kolkata: Earthcare Books, 2010.

11 Naomi Klein, *The Shock Doctrine: The Rise of Disaster Capitalism*, London: Penguin Books, 2007.

12 워싱턴 합의는 1980년대 후반 미국 의회와 행정부, 각 경제부처, 연방준비위원회, 세계은행과 IMF 등이 모여 라틴아메리카 국가의 경제난을 타개하기 위한 방법을 논의해 제안한 정책 권고를 말하며, 주로 신자유주의적 경제개혁을 내용으로 한다. — 옮긴이 주

유지하기 위해 고군분투하고 있지만 군사적 패권은 끄떡없다. 북아프리카와 서아시아 산유국 주민들의 자결권 투쟁에 대한 미국의 간섭은 이 지역에 지속적인 긴장을 불러온다. 이것은 남아시아와 동남아시아에 막대한 영향을 끼쳤다. 이스라엘과 팔레스타인 사이의 문제는 이러한 상황을 여지없이 드러낸다.

사회주의는 어떻게 해체되었나?

우리 지역의 정치적·경제적 전망과 관련해 이 모든 것이 어떤 의미를 갖는지를 묻기 전에, 지난 20년 동안 우리의 어휘에서 거의 사라졌던 사회주의 개념에 무슨 일이 일어났는지 간단히 검토할 필요가 있다. 내가 거의 40년 전에 인도에 처음 왔을 때는 방글라데시 전쟁 중이었는데, 당시 인디라 간디는 '빈곤을 없애자'라는 뜻의 '가리비 하타오'Garibi Hatao를 대통령 선거 모토로 내걸고 권력을 잡았다. 냉전의 중심지에서 온 나는 '20포인트 프로그램'(TPP, Twenty Point Program)이 주로 자본주의의 효율화에 기여하는 동안에도 사회주의 수사를 마구 쏟아내는 것을 관찰하는 데 매료되었다. 오늘날, 그 당시에 개정된 헌법의 서문은 여전히 우리가 민주적인 세속주의, 사회주의 공화국이라는 것을 약속한다. 그러나 이러한 포부를 실천하려는 의지를 나타내는 증거는 거의 없다.

1970년대 중반 베트남은 마침내 반제국주의 투쟁에서 미국을 물리쳤다. 나는 1975년 1월 남베트남을 방문했는데, 수십 년간의 반식민 전쟁을 끝낼 마지막 전투가 한창이었다. 사람들은 모두 아오자

이 같은 전통 옷을 입고 자전거를 타고 다녔다. 이런 풍경은 옛날 얘기가 돼 버리기는 했지만 냉전의 영향은 이 모든 해방 투쟁에 미치고 있었다. 그 지역에서 소련의 영향력을 확보하려는 시도는 중요한 역할을 했다. 게다가 베트남은 인도차이나반도에서 주요 국가 가운데 하나로 간주되었다. 당시는 그 시대의 혁명적 양상을 제대로 이해하기가 어려웠다. 1960년대 유럽에서 일어난 학생 봉기에서 청년들은 중국의 문화혁명에서 낭만적인 매력을 보았다. 신세대의 열정에 장 폴 사르트르와 시몬 드 보부아르 같은 이름난 사상가가 함께했다. 우리는 고전이 된 『번신』飜身[13]에서 증언하는 것처럼 중국 농촌의 토지혁명에 대한 목격담을 읽고 있었다. 인도에서도 여성 작가 한수인韓素音(1917~2012)[14]의 글이 영향을 주었다. 그러나 나중에서야 비로소 『중국의 그림자』[15]처럼 다른 시각에서 쓴 글을 접할 수 있었고 그 덕분에 문화혁명이 정치적·경제적으로 실패한 것임을 분명히 깨닫게 되었다. 이 모든 것에도 불구하고 나는 1980년대 후반에 중국을 여행하는 동안 아미티 재단에서 일하는 친구들을 방문했는데, 그때 마을들이 번성하고 식량도 넉넉하며 보건 서비스와 교육 혜택을 누릴 뿐만 아니라, 어느 정도는 집단적인 의사결정을 도입한 것을 보면서 감명을 받았다. 고도로 '발전된' 난징에서는 다른 욕망

---

13 William Hinton, *Fanshen: A Documentary of devolution in a Chinese Village*, New York: Vintage Books, 1966.

14 Han Suyin, *China: In the Year 2011*, London: Penguin Books, 1971.

15 Simon Leys, *Chinese Shadows*, New York: Viking Adult, 1997 (US Edition).

도 눈에 띄었다. 이를테면, 정치적으로 고분고분한 이들에게 당이 통제하는 특별소비재 상점의 쇼핑 특권을 보상으로 제공했던 동유럽 국가의 소비문화가 난징에서 급증하고 있는 것으로 보이기도 했다. 한편, 아미티 재단의 친구들도 풀뿌리 그리스도교의 확산을 경험했는데, 이를 통해 삶의 의미, 사회정의, 민주적 참여, 가부장제에 대한 의문이 다른 방식으로 제기될 수 있었다. 1989년 11월 베를린 장벽의 붕괴와 잇따라 일어난 동유럽과 소련의 붕괴는 엄청난 충격의 연속이었다. 유고슬라비아에서는 사회주의적 담론들이 광범위한 민주주의적 함의들을 갖고 있었기 때문에 이 나라가 민족과 종교 노선에 따라 분열된 것은 특히 쓰라렸다. 1968년 소련이 탱크를 앞세워 진압한 '프라하의 봄'과 그 이후 아프가니스탄에 소련이 지원하는 정치체제가 들어선 것은 사회주의 열망을 돌이킬 수 없는 방식으로 손상시켰다. 나오미 클라인은 『쇼크 독트린』에서 모든 민주적 절차를 체계적으로 파괴한 분쟁 상황을 냉전이 어떻게 만들었는지 보여 주었다.

또 다른 파괴적인 요인은 경제와 군사 분야의 치열한 경쟁이었다. 사회주의사회는 특히 교육의 기회와 관련하여, 사회적 평등 분야에서 확실한 이점을 가지고 있었지만, 대안적 발전에 관한 명확한 관점이 없었다. 경쟁은 전적으로 경제성장과 군비경쟁에 중점을 두었다. 소비주의는 의미 있는 민주적 참여를 대체하려는 야심 찬 목표였다.

토론이 벌어지지 않은 것은 아니지만 좀처럼 공개되지 않는 은

밀한 토론이었다. 1970년대 이후, 성장의 한계와 생태 균형에 대한 논쟁은 동유럽에도 확산되었다.[16] 그러나 진실을 정면으로 마주하는 데에는 매우 오랜 시간이 걸렸다. 심지어 1986년 4월 체르노빌 참사 이후에도 원자력 기술과 관련된 위험을 강하게 부인했다. 그러나 원자력 기술은 중대한 결함을 지닌 불완전한 기술이며 핵 폐기물을 처리해야 하는 과제를 안고 있다. 오늘날 인도 정부는 핵기술에 관한 123협정에 자부심을 갖고 있으며 더욱이 핵탄두를 안전하게 유지하는 데 러시아 잠수함에 의존하면서도 그 위험성을 여전히 전면 부인한다. 아시아 국가에서는 대량 빈곤을 극복해야 하는 큰 규모의 문제가 있는 데다 지배적인 정치 계급과 농촌 대중, 또 종종 자신의 정치적 입장을 가진 얇은 지식인층 사이의 비참한 모순이 때로는 엄청난 폭력을 수반하는 깊은 갈등으로 이끌었다.

2003년에 캄보디아로 여행을 할 기회가 있었고, 그때 살해당한 이들의 유골과 유해를 많이 소장하고 있는 '킬링필드'의 박물관을 방문했다. 또 지뢰나 다른 폭발물로 장애를 지닌 이들로 구성된 길거리 밴드 '지뢰 오케스트라'가 전통음악을 연주하는 것을 들었다. 다국적 기업이 운영하는 5성 호텔이 보였고, 반면 국가는 전적으로 유엔기구에 의해 운영되는 것 같았다. 지역 농민과 어부는 지속적인

---

16 나는 *The Marxist Review*에 서평을 써 왔다. Wolfgang Hanch, "A Communist Ecologist", in *The Marxist Review*, vol. XIII, no. 9, March 1980, 37-73; Rudolf Bahro, "The Alternative in Eastern Europe", in *The Marxist Review*, vol. XV, no. 2 and 3, Aug. & Sept. 1981, 109-123에 쓴 나의 서평을 보라.

식량 확보를 위해 고군분투하고 있었다. 국내총생산(GDP)의 제한 없는 성장이라는 우상숭배는 다툼의 씨앗이 되었고 지구화된 세계에서 경쟁의 특징이 되었다. 중국은 안전상 문제가 큰 대규모 댐 건설 프로젝트에 착수했고 오염 및 다른 환경 위험으로부터 많은 문제에 직면했다. 그러나 일본 후쿠시마 참사 이후 중국 내에서 원자력 신뢰도가 낮아진 것은 주목할 만하다.

북한이 원자로 개발권을 주장하자 미국은 북한을 '불량국가'로 선포했다. 이런 북한의 주장은 역설적이게도 이란의 지지로 더욱 강화된다. 이란의 입장은 이스라엘과 팔레스타인을 둘러싼 세력 양극화와 밀접한 관련이 있다. 인도는 현 정부가 미국의 노선을 따르기로 선택했기 때문에 이 문제에 대해 독자적인 입장을 취할 수 없다. '평화로운' 핵에너지와 군사 패권 문제의 구분이 완전히 인위적이고 허구적이라는 사실이 극적으로 드러나게 된다.

이 부분을 요약하면, 민주적 참여와 토론의 부재 및 정치적 열망을 대체하는 소비주의는 사회주의적 열망을 죽이는 데 중요한 역할을 했을 가능성이 크다. 동시에 사랄 사르카르가 1990년대 초 소련 붕괴를 분석하면서 보여 주었듯이, 현실 사회주의가 '실패'한 이유는 성장 문제에서 실질적인 한계에 부딪혔기 때문이었다.[17] '무제한 성장'을 지탱하기에는 생태 문제와 원자재의 심각한 부족이라는 한계가 있었다. 그러나 이러한 실태는 공식적으로 인정되지 않았다.

---

17 Saral Sarkar, *Eco-Socialism or Eco-Capitalism: A Critical Analysis of Humanity's Fundamental Choices*, London: Zed Books, 1999.

서구 세계에서는 1990년대 초 이후 이슬람 혐오의 확산, 무슬림 인구 증가, 비이슬람 사회의 핵심 가치를 위협하는 세력으로 무슬림을 묘사하는 것 등은 종교와 인종을 바탕으로 하는 집단을 양극화하고, 문화적 정체성 정치를 낳고 강화하는 주요 원인이 되었다. 9·11 테러 이후, 근본주의의 발흥과 이슬람 혐오 및 정체성 강화 투쟁의 등장은 경제적 현안조차 거의 덮어 버릴 정도였다.

문명의 충돌

나는 이 제목을 의도적으로 새뮤얼 헌팅턴의 책에서 빌렸다. 제목이 제시하는 것과는 달리 책 내용은 매우 다른 면을 보여 주지만 말이다.[18] 제목의 첫 단어가 암시하는 것과는 달리 저자는 서구 문명의 근대성이 보편적이라는 주장에서 다극적·다문명적 세계로 향하는 움직임을 세계 정치의 새로운 시대로 이해한다. 헌팅턴은 이 새로운 시대에 서구의 근대성은 여러 선택지들 가운데 하나일 뿐이고 비서구 문화에서 유래하는 다른 근대성이 구성될 수 있다고 본다.

『문명의 충돌』은 세계 정치의 새로운 문화적 재구성이 민족적·종교적 노선을 따라 이루어질 것임을 시사하는 지정학적 관점에서 쓰였다. 저자는 경제협력을 문화적 친연성에 바탕을 둔 것으로 보고 종교적 결속, 특히 친족 체계를 동맹 관계 구축의 결정적 요인

---

18 Samuel P. Huntington, *The Clash of Civilizations and the Remaking of World Order* (1996) New Delhi: Penguin India, 1997.

으로 본다. 이 책에는 친족 체계에 대한 페미니스트의 비판이 전혀 없다. 또 카스트 문제를 회피하며, 대체로 정체성 정치에 대해서도 비판적이지 않다. 생태학적 차원은 전혀 없고, 지배적인 경제체제로서 세계화된 자본주의는 문제 삼지 않는다. 서구의 보편주의를 비판한다는 것은 아시아 다문화주의와 세계 강국으로 부상한 중국의 유교적 유산 같은 요소를 재인식하게 되었다는 것을 암시한다. 이슬람은 문화적으로 강력한 세력으로 보이지만 통일적인 초점은 부족하다. 따라서 헌팅턴은 주요 나라와 '단층선'을 둘러싼 충돌을 살펴본다. 중국은 많은 국가에서 중국인 비즈니스 그룹과 연결할 수 있다는 이점이 있다. 사회주의 붕괴 이후 러시아에서는 동방 그리스도교가 부흥하여 강한 영향을 미쳤으며, 이는 로마 가톨릭 문화와 대립하는 구실이 되기도 했다. 이러한 '단층선'들은 유고슬라비아와 소련의 붕괴에 큰 역할을 했다.

사회주의 이념이 민족적·종교적 정체성을 상대화하고 부분적으로 억제한 것은 사실이다. 헌팅턴은 자본주의의 생존 가능성을 전혀 의심하지 않기 때문에 노동자 계급에 대한 관점도 없다. 더 큰 평등을 향한 사회변혁을 이루기 위해 힘들게 걸어가는 대중 가운데서 어떻게 일치를 이룰 수 있을 것인가 하는 문제를 심각하게 고민하지 않는다. 그의 책은 어떻게 보면 미 국방부의 포스트모더니즘적 태도를 대변한다. 헌팅턴이 서구 보편주의를 비판하는 대목은 감동적이며 현재 세계 질서 위기를 수긍하는 것은 예상 밖이다. 그는 서구 문명 내의 문화적 동질성을 옹호한다. 미국이나 유럽 사회에서 다문화주의를 옹호하는 사람들을 반대한다. 이민으로 상당한 문화적 소수민족이 다른 서양 국가로 이주하게 되었고 이들은 자신의 문화적 권리를 주장하고 있지만, 헌팅턴은 이주민의 문화가 받아들여지고 인정될 수 있다고 생각하지 않는다. 다원주의는 오직 세계 수준에서만 지지된다. 곧 그리스도교와 세속주의가 후퇴하는 것으로 보이고 중국이나 이슬람, 또 아시아 문화의 신흥 강대국들이 경쟁해야 하는 세계 수준에서만 제기된다. 헌팅턴이 사회주의를 다루지 않고 다른 목소리를 전혀 내지 않은 채 중국 국가자본주의를 지배적 발전 패러다임으로 인정했기 때문에, 사회변혁을 위해 고군분투하는 대중을 어떻게 결집시킬 것인가 하는 문제로는 더 이상 나아갈 수 없다. 그렇기에 나는 민중운동에 감화를 준 좌파의 질문, 특히 사회 변화에 기여한 여성운동을 다루고자 한다.

민중운동과 여성운동, 그리고 포스트모더니즘의 덫

전 세계 빈부 격차, 특히 인도에서 증가하고 있는 불평등 때문에 사회주의적인 관점에서 다시 작업을 하는 것이 필요하다. 인도 정부 기획위원회의 부위원장 몬테크 싱 알루왈리아는 최근 농촌과 도시 지역에서 빈곤선을 넘는 데 하루에 각각 25루피와 36루피면 충분한 액수라고 선언하려는 게 분명해 보인다. 이는 현실과 사회정의를 일반적으로 어떻게 느끼는지에 대해 많은 것을 말해 준다. 대기업에 의해 토지와 물, 생계를 빼앗긴 소외계층의 '민중운동'만이 미조직 분야 노동자와 함께 나아가야 할 길을 보여 줄 수 있다. 나는 여기서

내가 전에 썼던 글의 연속선상에서 이 문제를 제기하고자 한다.[19]

'거대담론'이 종말을 고하고 '차이' 담론의 확산에 따라 번창하는 포스트모더니즘의 추종자들은 해체와 때로는 재구축에 여념이 없다. 새로운 흐름은 대부분 정치경제가 보이지 않게 될 정도로 과도한 주체성과 개인주의, '정체성'에 집중하게 됨으로써 더 이상 이념적 질문을 던질 수 없게 됐다. 이는 새로운 사고를 위한 공간을 만들고 독단적인 논쟁을 상대화하는 데 도움을 주었지만, 다른 이익 집단이 인정받기 위해 서로 다투는 일종의 '문화주의'로 시야를 가두게 했다. '보편주의'에 쏟아진 경멸 때문에 기본적인 인권조차 지켜내기 어렵게 됐다. 왜냐하면 이런 인권마저도 이제 '문화에 따라 다르게 조건 지어진' 것처럼 논쟁하기 때문이다. 이와 더불어 서구 학계의 지배적 흐름을 떠맡아야 했던 탈식민주의적 학파는 그 나름의 목적에 사로잡혀, 자연 자원을 고갈시키고 지역사회를 파괴하는 지배적 개발 개념에 내재된 거대한 신식민주의적 경제 맹공을 대부분 무시한다.

다국적기업이 세계경제를 어떻게 통제하고 있고 또 전쟁과 전염병을 통해 인구 문제를 어떻게 '관리'하고 있으며, 사회과학 분야에서도 연구 자금의 흐름을 통제하고 있다고 본 수전 조지의 분석에 주목하는 것은 매우 적절하다.[20] 그녀는 『루가노 보고서』에서 사회

---

19 내 논문 "Why Does Post-Colonial Feminist Theology Need to Relate to People's Movement?", in *Asia Journal of Theology*, vol. 19, no. 1 (April 2005) 166-187 참조.

20 Susan George, *The Lugano Report: On Preserving Capitalism in the Twenty First Cen-*

운동의 파편화 문제를 다루었으며, 정체성 정치가 사회운동을 분열시키고 서로 대립시키는 데 어떻게 이용되어 왔는지를 보여 주었다.[21] 우리는 관념이 세계관과 정체성으로 바뀌고 '담론'은 사회경제적 현실과 상관없어지는 지성적 환경 속에서 살고 있다.

이러한 '담론'은 여러 방향으로 퍼질 수 있고, 서로 한 방향으로 모여드는 묘한 협력자들을 종종 목격한다. 흔히 포스트모더니즘이 프랑스의 후기 구조주의에서 생겨났다고 추정되며, 따라서 유럽에서 마르크스주의가 종말을 고한 것은 당연하다고 여긴다. 그러나 이는 '마르크스의 유령'이 귀환하고 있는 데서 알 수 있듯이 매우 잘못된 판단이다.[22] 포스트모더니즘은 상당 부분 미국에서 만들어지고 거기서 수출되었다는 것이 밝혀졌다.[23]

포스트모더니즘에 관한 몇 가지 흥미로운 문제를 제기해 온 미라 난다[24] 같은 작가는 바로 이러한 미국의 경향을 비판해 왔다. 이런 비판은 그녀 자신이 과학자라는 배경이 작용하기도 했고 또 암베드카르 박사의 저술에서 영감을 받기도 했다. 그러나 나는 미라 난

tury, London: Pluto Press, 1999.

21 *Ibid.*, 121.

22 Jacques Derrida, *Specters of Marx: The State of the Debts, the Work of Mourning and the New International*, New York: Routledge, 1994.

23 Aijaz Ahmad, "On Post Modernism", in *The Marxist*, vol. XXVII, no. l, January-March (2011) 4-38.

24 Meera Nanda, *Post Modernism and Religious Fundamentalism: A Scientific Rebuttal to Hindu Science*, Navayana, 2005. 더 광범위한 비판은 *Prophets Facing Backward: Postmodernism, Science and Hindu Nationalism*, Delhi: Permanent Black, 2004를 보라.

다가 확신하는 '과학'에 대한 확고한 신념을 받아들이지 않는다. 그 까닭은 과학기술이 기업 중심일 뿐만 아니라 군산복합체와 묶여 있다는 것을 간과하고 있기 때문이다. 네루 센터의 과학적 기질에 관한 진술과 아시쉬 낸디의 「인본주의적 기질의 반론」 사이의 논쟁에서 나는 두 차례의 세계대전과 생태계 위기가 걷잡을 수 없이 진행됨에 따라, 과학과 기술에 내재된 폭력을 강조한 낸디의 주장을 매우 진지하게 고려해야 할 필요가 있다고 생각해 왔다.[25]

동시에 아시아의 석유 산지에서 수많은 신식민주의적 전쟁을 치르고 있는 나라인 미국의 포스트모더니즘이 세속주의를 훼손하는 '시민 종교' 발흥에 실질적으로 기여한 것도 사실이다. 1992년 바브리 마스지드 모스크 파괴 이후 신 힌두교 부흥운동은 미국과 영국의 힌두민족주의(Hindutva) 세력에게서 많은 지지를 받았다. 미영 힌두민족주의 중 상당수는 '종교 간 관용'이라는 명목 아래 일을 벌이는데, 이를테면 영국 교과서에서 힌두민족주의의 종교 해석을 밀어붙인다거나 미국의 문명 전시회에서 여러 '힌두' 역사 버전을 선전하는 것이 그렇다.[26] 1999년 나는 우연히 영국의 한 휴양지에서 이러한 경향을 목격하게 되었다. 체류 첫 주에 버밍엄에 있는 힌두교 사원 축성식에 참가했는데, 단상에 있는 귀빈 중 일부가 바브리 마

---

25 Cf. Asish Nandy, "Counter Statement in Humanistic Temper", in *Mainstream*, Oct. 10 (1981) 16-18; Asish Nandy (ed.) *Science, Hegemony and Modernity*, Tokyo: United Nations University, 1988.

26 나는 이러한 경향에 대해 "Religious Conflicts and Changes in Indian Political Culture", in *COELI Quarterly*, no. 70, Summer, 1994에서 밝혔다.

스지드 모스크 파괴에 관여했다는 것을 알고는 경악했다. 미라 난다의 현대 과학에 대한 페미니스트적 비평이 정당한지 여부도 논쟁의 여지가 크다. 그러나 세속주의가 인도 헌법의 핵심적인 부분이라는 사실은 많은 경우 잘 받아들여진다. 오늘날 신학자가 '탈세속주의'라는 말을 꺼내고 이에 대해 왈가왈부하는 것은 경박하며 부적절하다. 종교적 관용과 종교 간 대화는 세속적인 국가의 틀을 필요로 하기 때문이다.

현재 사회운동이 그렇게 심각하게 분열되어 있다는 것은 슬픈 일이다. 최근 달리트 운동이 암베드카르 박사의 유산으로 직접 돌아가려는 시도는 의의가 있지만, 달리트 조직은 정당정치에 너무 얽매여 있다.[27] 언론은 안나 하자레Anna Hazare의 단식과 록팔 법안(Lokpal Bill)을 통과시키기 위한 반부패운동을 지나치게 과장했다. 그러나 인도의 진보적 민중 조직과 운동의 연합체인 '전국 민중운동 연맹'(NAPM)은 이 투쟁을 비판적으로 지지했는데, 이는 이 문제가 확대되어야 하며 토지, 물, 식량 안보, 노동할 권리와 노동법 개정 및 실행을 위한 민중 투쟁에 초점을 맞출 필요가 있다고 생각했기 때문이다. 인도에서는 인구 이동이 증가하고 있고 새로운 속박으로 이어진다. 인도는 세계에서 아동 노동률이 가장 높은 나라 중 하나다.

민중운동은 '테러와의 전쟁'이라는 이름으로 핍박당하고 억압받는다. 이는 단지 비폭력 투쟁 중심과 조직되지 않은 노동자 운동,

27 Anand Teltumbde, "The 'Precariat' Strikes", in *EPW*, vol. XLVII, no. 1, Jan. 7 (2012) 10f.

농민운동, 여성운동, 인도 원주민과 부족민 운동, 환경운동 등을 묶는 더 넓은 동맹을 구축해야 할 필요성을 보여 줄 뿐이다. 동시에 반부패운동에 동참한 중산층도 힘겨운 민중의 실상과 위에서 요약한 생태 위기의 실상을 이해해야 하는데, 이를 위해서는 욕망, 생활양식, 정치적 이해의 급격한 변화가 필요할 것이다. 그러나 아난드 텔툼브데가 강하게 주장하듯이 카스트는 치명적인 방식으로 인도 운동 조직의 동맹 구축을 가로막는 요인이다.[28]

뿌리 깊은 독재정권의 타도로 이어진 서아시아의 봉기는 민주주의와 세속주의에 대한 새로운 질문을 제기한다. '월가를 점령하라' 시위는 자본주의의 극한 착취와 부당함을 자본주의라는 짐승의 바로 그 뱃속에서 반대하는 대대적인 운동을 일으켰다. 기업들이 물과 에너지 시장을 독차지하려고 애쓰는 동안, 다른 경제체제와 정치체제에 대한 요구는 매우 절박했다. 사랄 사르카르가 일관되게 주장한 것처럼, 자본주의는 단지 뽑아내 쓰는 것과 이익에만 관심을 갖는 반면, 오직 생태 사회주의 체제만이 지구의 생명을 보호할 수 있다. 이 운동은 여성과 모든 소외된 부문의 대규모 참여와 함께 탈중앙집중화된 방식으로 일어나야 한다. 동맹 구축이 중요하다. 여성의 투쟁은 식량 안보, 가사, 생계를 위한 생산, 가족과 카스트로부터 국가와 국제 자원 경쟁에 이르기까지 사회구조에 내재된 폭력 문제에 중점을 두는 일에서 매우 중요했다. 여성은 또한 비폭력 운동의 전

---

28 Anand Teltumbde, "Occupy Movement in India", in *EPW*, vol. XLVI, no. 51, Dec. 17 (2011) 10-11.

사이기도 하다.

공공신학이 도전에 맞닥뜨릴까?

어떻게 공공신학이 전면에 등장하게 되었으며, 해방신학과 어떻게 연관되어 있는지를 분명하게 파악하기는 쉽지 않다. 오랜 세월에 걸쳐 좌파 진영에 대한 조직적인 공격이 행해지면서 그 과정에서 공공신학이 해방신학을 대신하는 중요한 수단이 되고 있다는 인상을 받는다. 문화적으로 다원적인 사회일지라도 공공신학은 더 민주적이고 공정한 사회를 창조하는 새로운 수단으로 보일 수 있다. 하지만 공공신학의 기원과 목표와 목적 및 그 목적에 이르기 위한 방법과 관련해 면밀히 따져 보는 것이 필요하다.

나는 주의를 기울여야 할 두 측면을 말하고 싶다. 하나는 종교 간 대화의 문제이고 다른 하나는 계급투쟁의 문제 및 맘몬의 규칙을 탈피하는 사회경제적 변혁의 문제다. 조지프 스티글리츠가 콜카타를 방문했던 시기에 내걸린 구호처럼 "자본주의가 위기에 처한 것이 아니라 자본주의가 바로 그 위기"이다. 무엇보다도 공공신학이 지향하는 듯한 종교 간 대화 및 더 나은 협력을 위한 새로운 시도에 대해 감사를 표한다.

다른 종류의 대화

종교사 수업을 듣던 학생 시절 나는 참으로 상호 능동적인 어떤 종교신학을 꿈꿨다. 이것이 어떻게 그려질지 확신할 수 없지만, 종교 전문가 사이의 종교 간 대화와는 아주 다른 방법을 통해 이루어져야 한다고 느낀다. 종교적 이기심이나 가족 내 여성관과 가부장적 권위를 옹호하는 데는 다른 종교의 근본주의자들이 서로 아주 잘 결속한다는 것이 일반적인 경험이다. 만약 우리가 영속시키고자 하는 것이 이게 아니라면, 우리는 무엇을 목표로 해야 하는가? 종교는 매우 제도화되어 있고 자기 이익을 상당히 적극적으로 추구하고 있다는 것을 잊지 말아야 한다. 공공신학은 그런 사적 욕망을 고취하는 데 쉽게 이용될 수 있다는 생각이 든다.

상호 이해는 구체적인 상황에서 깊어져야 한다는 것, 그리고 종교가 항상 공공 영역에 있는 아시아에서는 유럽에서처럼 공적 영역과 사적 영역의 분리를 적용할 수 없다는 점이 주목을 받아 왔다.[29] 나는 종교적 다원주의의 공공적 중요성을 강조하는 데에 동의한다. 종교다원주의는 확실히 '선교'에 대한 생각을 과감하게 재고하라고 요구한다. 그러나 나는 인도 헌법의 방침을 따르는 세속 국가를 신뢰한다.

종교 간 대화가 효과적이기 위해서는 종교 간 대화를 매우 다른 방식으로 추구하는 여성의 경험을 반영할 필요가 있다. 이 중 일부는 헬레네 에그넬이 쓴 『다른 목소리들』이라는 흥미로운 책에 모아졌다.[30] 이 책에서 저자가 말하고자 하는 '엉망진창인 실상'은 종파

---

29 Felix Wilfred, *Asian Public Theology: Critical Concerns in Challenging Times*, Delhi: ISPCK, 2010, Chapter 14.

30 Helene Egnell, "Other Voices: A Study of Christian Feminist Approaches to Reli-

갈등과 폭력뿐 아니라 쉼 없이 수많은 일에 시달리는 여성의 삶, 또 폭력 상황이나 평화 구축의 문제에서는 늘 앞장서면서도 대개 종교 공동체에서 대표가 되지 못하는 여성이 처한 모순적인 상황을 그려 낸다. 또한 다문화주의를 받아들이려는 여성운동의 초기 시도들도 평가했다.[31] 그녀는 아시아에서 빈곤과 생존 문제가 이런 대화에서 결정적으로 강조되었다고 지적했다. 그러나 미래의 방향에 대해서는 어떤 특정한 입장을 고수하지 않는데, 이는 다원성과 관련해 방향을 상실할 위험이 있는 탈근대적 입장을 따르고 있기 때문이다. 빈곤, 생태 파괴, 자원과 서비스 민영화, 모든 수준에서 폭력의 격화와 관련된 물질적 기반을 이해하는 것은 매우 중요하다. 세계를 파멸 직전까지 몰고 온 것은 자본주의다.

또한 삶의 현실을 바탕으로 마르크스주의자들과 했던 의미 있는 대화가 1970년대와 1980년대에 '그리스도인 평화회의'(Christian Peace Conference)에서 이루어졌다는 것을 언급하고 싶다. 동유럽뿐 아니라 인도도 당시 라틴아메리카의 발전에서 부분적으로 감화받았다. 이들의 대화는 스탠리 사마르타 주도로 세속적 이념으로 대화관을 넓힌 세계교회협의회(WCC)의 대화 부문에도 반영됐다. M.M. 토마스 박사의 지도 아래 방갈로르에 있는 '그리스도교 종교와 사회

gious Plurality East and West", in *Studia Missionalia Svecana*, Uppsala, 2006.

31 Diana Eck and Devaki Jain (eds.) *Speaking of Faith Cultural Perspectives on Women, Religion and Social Change*, London: The Women's Press, 1986. 또한 *EPW*, XXII, no. 38. Sept. 19, 1987에 수록된 나의 논평을 보라.

문제 연구소'도 삶의 현실에 뿌리를 둔 종교와 이데올로기와의 대화에 집중했다. 나는 토마스 박사가 '공공신학'의 주창자라고 생각하지 않는다. 그는 비상사태와 같은 위급한 상황에 강력하게 개입했던 평신도 신학자였다. 그가 해방신학과 사회분석에 더 가까웠다고 생각하는 이유 중 하나는 그가 전에 사회운동과 성서신학에 몸담았기 때문이다. 그는 은퇴 후 성서 주석서를 쓰면서 활동가와 교류하며 남은 일생을 보냈다. 그는 공공신학의 일부 지지자처럼 윤리에 몰두하지 않았다. 여기서는 1980년대 중남미, 유럽 그리고 인도의 여러 지역에서 사회주의를 옹호했던 그리스도인들을 상기하고자 한다.

해방신학과의 연결

*COELI*는 브뤼셀에 본사를 둔 쿠바 국적의 아돌포 아바스칼Adolfo Abascal이 발행한 계간지다. 그는 벨기에 사회주의를 위해 플랑드르 그리스도인들과 긴밀히 협력했으며, 프랑수아 우타르François Houtart가 설립한 루뱅라뇌브에 있는 '세 대륙 연구센터'(Tri-Continental Study Center)와도 관련이 있었다. 프랑수아 우타르는 라틴아메리카와 아시아의 다문화적 상황에서 그리스도교와 사회운동을 연결 짓는 적극적인 활동가이다. 그는 니카라과 등 중남미 국가에서 사회분석에 관해 연구하고 교육했으며 케랄라의 교회들을 폭넓게 연구했다.[32]

---

32 François Houtart, *Religion and Ideology in Sri Lanka*, Bangalore: TPI, 1974; François Houtart and Genevieve Lemercinier, *Church and Development in Kerala*, Bangalore: TPI, 1979.

우타르는 람나드 행정구의 카스트에 대한 연구도 했다. 나중에 폴 포트 정권 이후 캄보디아에서 사회과학 연구를 다시 정립하는 데에 도움을 주었다. 1973년 방갈로르에 있는 인도 주교회의 산하 '전국 성서와 교리 및 전례 센터'(NBCLC, Natinal Biblical, Catechetical & Liturgical Centre)에서 제1회 아시아 종교와 발전 세미나를 조직했다. 이어 1975년 '남인도 교회'(CSI, Church of South India) 주교들과 함께 사회분 석 워크숍을 열었는데, 주교들은 이 체험을 통해 깊은 감명을 받았 다.[33] 그는 후에 세계사회포럼(World Social Forum)의 창립자 중 한 명이 되었는데, 이 포럼은 스위스 다보스에서 정기적으로 개최되던 세계 경제포럼(World Economic Forum)에 대항하기 위해 만들어졌다. 수전 조지는 『루가노 보고서』를 통해 세계경제포럼에서 세계적인 모든 정책을 꾸며 내 확산시키고 있음을 폭로했다.

나는 이 역사 중에서 몇 가지를 언급하려고 한다. 왜냐하면 내가 그 역사 중 몇몇에 관여해 왔기 때문이며, 또 공공신학을 위한 노력 과 무슨 관련이 있는지 잘 보이지 않기 때문이기도 하다. 펠릭스 윌 프레드가 쓴 공공신학에 관한 책의 색인에 자본주의나 사회주의가 나타나지 않는 것은 흥미롭다. 이 책은 세계화의 영향에 대해서는 상당히 광범위한 부분에서 비판을 제기하지만, 지배적 생산 방식을 명확하게 분석하지는 않았다.

이는 해방신학이 취해 온 분명한 정치적 입장과 극명한 대조를

---

33 Cf. CSI Synod Report, *The Church and Social Justice: Thoughts for Understanding the Problem*, Bangalore, Dec. 1975.

이룬다. 여기서 라틴아메리카 해방신학의 기여를 개괄적이나마 살펴보기는 어렵다. 왜냐하면 해방신학은 경제뿐 아니라 생태 문제, 그와 관련된 영성, 또 페미니즘의 관심사와 토착 문화에 이르기까지 매우 포괄적인 문제를 다루기 때문이다.[34] 나는 최근 몇 년 동안 파괴적 생산양식인 자본주의가 어떻게 초점을 벗어났는가 하는 문제에 집중하고자 한다. 그 주제는 1980년대에 훨씬 더 분명하게 다루어졌고 2000년이 지나고 몇 년 뒤까지 뚜렷하게 유지되었다. 나는 이와 관련해 특히 자본축적 문제를 본격적으로 천착한 프란츠 힌켈라메르트의 기여가 두드러진다고 보는데, 자본축적 과정에서 궁극적으로 자본은 맘몬이나 통치하는 신으로 변한다.[35] 그는 오늘날 '소비주의'라고 불리는 물신숭배를 공공연히 공격했고, 미국 달러 지폐에 새겨진 "우리는 하느님을 믿는다"(In God We Trust)라는 표어처럼 어떻게 돈이 숭배의 대상이 되는지를 보여 주었다. 그는 돈의 법칙과 소비의 필요성이 자유와 인간관계를 훼손하는 방식을 보여 준다.

그는 "자본이 숭배의 대상이 되면, 노동의 사회적 분업이 조정되는 방식에 미치는 영향을 통해 인간의 생명 자체가 파괴되는 지경에 이른다. 물신이 살기 위해서는 인간성이 파괴되어야 한다"[36]고 말한다. 힌켈라메르트가 다루는 또 다른 영역은 분명한 정치적 입장을

---

34 Leonard Boff and Clodovis Boff, *Introducing Liberation Theology*, New York: Orbis Books, 1987; Elsa Tamez, *Against Machismo*, Oak Park: Meyer Stone Books, 1987.

35 Franz J. Hinkelammert, *The Ideological Weapons of Death: A Theological Critique of Capitalism*, New York: Orbis Books, 1986.

36 *Ibid.*, 30.

취하지 않으면서 사회사를 포함한 역사 유물론적 분석을 '윤리'로 대체하려는 경향과 관련이 있다.

그는 특히 막스 베버에 대해 비판적인데 '다신론'의 부활과 관련해 베버를 비난한다. 힌켈라메르트 자신은 그리스도교, 계몽주의, 마르크스주의의 연속성을 고수한다. 이러한 연속성은 페미니스트와 포스트모던 담론에 의해 상당 부분 '해체'되었기 때문에 오늘날에는 그다지 인기가 없다. 그러나 현 상황에서는 사회경제적 분석과 비교해 '윤리'를 과도하게 강조하고 있음을 주목할 필요가 있다. 또 '문화'의 지배적인 요소로서 '종교'를 지나치게 강조하고 있음도 아울러 살필 필요가 있다.

이 글은 내가 1960년대와 1970년대에 배운 사회윤리학과 사회분석을 바탕으로 한다. 나는 헤르만 쿠터나 레온하르트 라가츠 같은 종교 사회주의자와 관련이 있는 노동계급 배경의 교사들에게서 교육받았다. 또 베를린 자유대학에서 해석학을 가르친 야콥 타우베스 아래서 막스 베버를 연구했는데, 그는 '유토피아' 권위자였고 1960년대 학생운동을 적극 지지했다. 1964년 하이델베르크에서 열린 국제 사회학대회에 참석했는데, 이 대회는 미국의 베버 전기작가 탤컷 파슨스가 주도했다. 이 대회의 내용과 미국이 받아들인 베버 사이에는 분명한 균열이 있었다. 미국은 베버가 마르크스주의 비평의 손아귀에서 종교를 구출하고 종교사회학과 윤리학을 위한 새로운 발판을 마련했다고 열렬히 환영했지만, 야콥 타우베스를 비롯한 다른 이들은 베버가 실제로 '철창'이 돼 버린 자본주의를 비판해 왔으며, 있을 수 있는 반란에 대한 문제를 제기하고 있었다는 점을 분명히 했다. 타우베스는 또 베버가 뮌헨 노동자 평의회 공화국 지지자요 혁명가 시인인 에른스트 톨러를 초청하여 이 대학에서 연설하도록 했다고 언급했다. 에른스트 톨러는 후에 스페인의 반反파시스트 투쟁을 지지했다. 또 1927년 브뤼셀에서 열린 반反식민지대회에 참가했으며, 자와할랄 네루와 친분을 맺었다. 이런 맥락에서 그는 인도 자유 투쟁의 열렬한 지지자가 되었다. 그는 1939년 망명 중에 세상을 떠났다.[37]

베버는 파리코뮌 이후 50년도 채 되지 않은 격동의 시대를 살았다. 뮌헨에서는 불과 몇백 명의 사람이 봉기를 일으켜 비폭력으로 권력을 장악한 뒤에 노동자 평의회 공화국을 선포했다. 그러나 군대는 이를 위협으로 여겼기 때문에 얼마 지나지 않아 진압해 버렸다. 당시는 대안적인 교환 시스템을 실험한 오스트리아와 남부 독일에 물물교환과 직접 서비스 교환을 기반으로 공동 생산 집단들이 생겨난 시기이기도 했다. 이것은 가치 창출이라는 자본주의 관행에 직접적인 도전이 되었다. 이러한 경향의 이론가인 알프레드 존-레텔은 돈을 쌓아 둘 것이 아니라 유통시켜야 하며 돈에 대한 이자는 금지되어야 한다고 강조했다. 이는 은행 붕괴와 헤지펀드 시대에 매우 중요한 통찰을 주었다. 전 세계의 많은 소규모 생산 집단들이 이런

---

37 Joachim Oesterheld (ed.) *Jawaharlal Nehru, Ernst Toller: Documents of a Friendship 1927~1939*, with Reminiscences by Mulk Raj Anand, Halle-Leipzig: Mitteldeutscherr Verlag, 1989.

방식을 실험했으며 또 대안적인 통화 체계와 노동의 가치를 측정하는 새로운 방법을 시도하기도 했다. 이 문제는 노동자 계층, 농민 그리고 카스트를 극복하고자 하는 사람에게 매우 적절하고도 중요한 사안이었다. 그런 생각은 너무 위험해 보여서 경찰과 군대의 개입이 정당화될 정도였다.

오늘날 진행되는 토론에서 자본주의에 대한 비판적 시각이 모호해지고 혼란스러워지는 것은 몹시 언짢다. 불과 몇 년 전만 해도 상황은 사뭇 달랐다. 여기서 수십 년간 자본주의 세계경제를 분석하고 성서적 관점에서 비판하는 데에 생을 바쳐 온 울리히 두크로의 공헌을 기억하고자 한다.[38] 그는 힌켈라메르트와 함께 기업의 횡포에 대한 대안을 생각해 냈다.[39] 또 이 살인적인 제도에 거스르는 저항을 본질적인 신앙 문제(status confessionis)와 관련된 공동의 결단으로 삼기 위해 끊임없이 노력해 왔다. 파시즘에 대한 저항이 고백교회[40]에서 신경(creed)의 일부가 되면서 아크라 신앙고백(Accra Declaration)[41]은 세계 자본주의의 맹공에 맞서는 집단적 결정을 신앙의 문제로 보

---

38 Ulrich Duchrow, *Alternatives to Global Capitalism: Drawn from Biblical History, Designed for Public Action*, Utrecht: International Books, 1995, reprinted 1998.

39 Ulrich Duchrow and Franz Hinkelammert, *Property for People, not for Profit: Alternatives to the Global Tyranny of Capital*, Geneva: WCC, 2004.

40 고백교회는 1934년 히틀러에 반대하여 설립된 독일 프로테스탄트 교회를 말한다. — 옮긴이 주

41 2004년 가나의 수도 아크라에서 열린 제24차 '세계개혁교회연맹'(WARC, World Alliance of Reformed Churches) 총회에서 전 지구적 자본주의에 맞서 경제 및 생태 정의를 옹호하는 내용의 선언문을 발표했다. — 옮긴이 주

게 했다.[42]

물론 아시아에서는 그리스도교가 소수 종파에 속하므로 이런 상황과는 관련이 매우 적다. 아시아에서 가난하고 주변화된 사람들의 운동은 식량, 물, 땅, 산림, 교육, 건강뿐 아니라 참여적 의사결정, 인권 문제와 더불어 다양한 문화와 종교의 자유가 보장되는 삶의 문제를 위해 자신의 신념을 실천해야만 한다. 모든 사회주의 실험이 강압적이고 종종 전체주의적이거나 심지어 잔혹하기까지 했기 때문에, '민주적 사회주의'에 대해 말하는 것은 매우 현실성이 있다. 한편, 미국의 군사 행동으로 아시아인들이 대량으로 살해되었지만 미국 작가들은 그것에 개의치 않고 1980년대에 마이클 노박이 제안한 것처럼 '민주적 자본주의'[43]를 알리는 데에 거침이 없었다. 오늘날 이런 입장은 공공신학의 촉진으로 말미암아 더 세련되어 갔다. '선교로서의 비즈니스'나 '하느님 나라 비즈니스'를 선전해 대는 아주 노골적인 입장들도 있다.[44] 이것들은 전 세계적으로 하나의 사고방식을 가진 비정한 사업 방식들로 보인다. 이들의 신조는 대부분 자본주의적 사업 계획이며, 하느님 나라는 이익을 산출하는 훌륭한 사

---

42 "Covenant for Justice: The Accra Confession", *Reformed World*, vol. 55(3), Sept. 2005.

43 예를 들어, Michael Novak, *The Spirit of Democratic Capitalism: An American Enterprise*, New York: Simon & Schuster Publication, 1982를 보라.

44 C. Neal Johnson, *Business as Mission: A Comprehensive Guide to Theory and Practice*, Westmont: IVP Academics, 2009; Tebunao Yamamori and Kenneth A. Eldred (eds.) *Kingdom Business: Transforming Missions through Entrepreneurial Strategies*, Illinois: Wheaton, 2003.

업과 겹치는 어떤 것으로 나타난다. 주저하지 않고 자본주의에 노골적으로 구애하는 뻔뻔함과 비교하면, 공공신학은 매우 유연하고 다원적으로 보인다. 여기서 자본주의 전도사처럼 여겨지는 이런 문제는 세계 윤리 문제로 이어져 폭넓은 논의를 낳고 있는 듯하다. 세계화는 주로 문화 간 대화의 기회로 보는 반면, 세계 자본주의의 제도적 틀과 그 파괴적 효과는 원칙적으로 문제 삼지 않은 것으로 보인다. 반대로 세계화 시대의 선교에 대한 논의에는 『무한한 부富에 관한 소식』이라는 제목이 붙었는데, 이는 개신교 윤리의 열망과 자본주의의 정신에 호소한 것으로 보인다.[45] 이런 경향은 맥스 스택하우스가 공공신학을 다룬 책 『공공신학과 정치적 경제』에도 이미 나타났으니, 그는 그리스도교 사회론에서 한 줄을 뽑아 명시적인 '기업의 신학과 계약'으로 연결시켰다. 이러한 사고는 선교로서의 세계화라는 그의 전망 안에서 정점에 이른다.[46]

토론은 정교하고 다양하지만 가치 체계를 제외하고는 변혁적인 희망이 거의 없어 보인다. 상대적으로 펠릭스 윌프레드가 주창한 아시아 공공신학은, 민초들의 상황과 선교에 대한 생각을 철저히 바꿔야 하는 다종교 현실에 더욱 효율적으로 접근한다. 민중운동의 투쟁

---

45 Max. L. Stackhouse and Lalsangkima Pachuau (eds.) *News of Boundless Riches: Interrogating, Comparing and Reconstructing Mission in a Global Era*, Delhi-Bangalore, ISPCK/UTC/CTI, 2007; 또한 Max L. Stackhouse with Peter J. Paris, *Religion and the Powers of the Common Life*, vol. I, Harrisburg: Trinity Press International, 2000을 보라.

46 Max Stackhouse, *Public Theology and Political Economy, Christian Stewardship in Modern Society*, Grand Rapids, 1987; *Globalization and Grace*, New York, 2007.

속에서 전개된 변혁의 전망에 도달하기 위해서는 대안적 생산 방식에 대한 생각을 더 심화할 필요가 있다. 민주적 사회주의의 원리들은 이러한 운동 안에서 지속적으로 형성되고 있다. 암베드카르 추종자, 간디 지지자, 마르크스주의자는 물론 로히아 사회주의자(Lohia Socialist)와 여러 문화적 담론도 서로 영향을 주고 있으며 그 표현도 풍부하다. 반카스트 운동과 페미니스트 운동, 생태학적 재해석이 끊임없이 시도되고 있다. 반핵 투쟁에서 최고조에 이르는 에너지 생산과 사용에 대한 근본적인 논쟁을 계속 진행해야 하는 동안, 권력은 무수한 투쟁에서 도전을 받고 있다. 이는 폭력을 극복하고 새로운 사회를 건설하는 데 도움을 줄 수 있는 집단적 민주주의에 기여한다.[47] 이러한 대규모 투쟁 속에서 나오는 포용력은 윤리적 · 종교적 전문가들 사이에서 흔히 받아들여질 수 있는 가치를 생산하려는 희망이나 이러한 가치를 기업에 의해 고수하려는 희망보다 더욱 전망이 밝다. 이것은 완전히 다른 종류의 조직 과정이다. 새로운 사회는 나눔이 이익을 극복할 수 있고, 사랑과 연민이 경쟁보다 우세할 수 있다는 확신을 고수하는 사람들의 무수한 투쟁에서 성장해야 할 것이다. 공동생활의 재조직은 지구상 생명체의 생존을 위해 절실히 필요하다. 인도에서는 정보권리법과 같은 새로운 법이 투명성을 높이는 데 큰 도움이 되었다. 새로운 운동과 동맹이 한데 모이고 있으며, 민중 의회와 선거 개혁은 준비 중에 있다. 민주주의 공간을 속박하

---

47 Sunil, "Socialism of the New Century", in *Janata*, August 22, 2010; 또한 *Janata*, January 30, 2011을 보라.

려는 위험에 직면해 용감하고 지칠 줄 모르게 맞서야 한다.

라틴아메리카 민중이 땅과 석유 자원을 보호하고 미국에 예속되지 않겠다는 의지를 보여 주었다는 의미에서 지난 10년 동안 이들의 경험은 매우 중요했다. 쿠바처럼 작은 나라가 소련 붕괴 뒤에도 자립을 지속할 수 있다는 것은 정말 놀라운 일이다. 볼리비아에서 에보 모랄레스의 출현은 원주민에게 새로운 해방을 의미한다. 우고 차베스는 전례 없는 방법으로 미국의 지배에 도전해 왔다. 멕시코 남부의 치아파스 민중은 그들의 봉기를 멕시코시티 중심부로 확장시켰고 무장투쟁에서 새로운 형태의 민주주의로 전환했다. 2007년 제정된 사파티스타 6차 선언은 기존 세계를 재편하는 것에서 새로운 세상을 만드는 데로 나아가려 한다.[48]

최근 서아시아의 봉기는 오랜 독재정권을 뒤흔들고 민주주의를 위해 싸우려는 사람들의 결의를 확인시켜 주었다. 그러나 이들은 자본주의와 빈부 격차 심화 문제는 비판하지 않았다.[49] 한편 잘 조직된 이슬람 세력은 근본주의적 통제를 확립하기 위한 싸움에 뛰어들었다. 자유와 주권을 위한 팔레스타인의 투쟁은 가자 지구를 비무장화하려는 움직임과 유대인 정착민들의 손아귀에서 예루살렘을 자유롭게 하려는 운동의 지지를 받으며 조금씩 나아가고 있다. 때로 인도는 이 투쟁을 강하게 지지하기도 한다. 인도는 광범위한 사회운동

48 Kolya Abramski, *The Bamako Appeal and the Zapatista 6th Declaration-From Reorganizing the Existing World to Creating New Ones*, New Delhi: Cacim, 2008.

49 Cf. Aijaz Ahmad, "Rebellion and Reaction", in *Frontline*, Feb. 10 (2012) 4-23.

투쟁에서 민주적 사회주의를 핵심 이념으로 삼고 있는 몇 안 되는 나라 중 하나이다. 이 투쟁을 진전시키려면 큰 결단과 믿음이 필요하다.

7장

공공신학:
인도 헌법의 관점에서

D. 존 로무스D. John Romus

이 글은 헌법에 명시된 국가와 종교의 관계를 결정하는 인도의 정치적 세속주의 전망 안에 공공신학을 위치시킨다. 특히 나는 인간의 존엄성과 사회적 본성에 기초한 인도 헌법의 세속적 규정의 철학을 뒷받침하는 심오한 인본주의적 가치를 해명하려고 시도할 것이다. 사실 인간과 정치 질서에 관한 그리스도교 신학도 이러한 본질적인 가치에 기초를 둔다. 나는 그리스도교 신학과 인도의 정치적 세속주의 철학 사이에 나타나는 공통 가치를 배경으로 인본주의적 가치에 전념하는 공공신학을 제안할 생각이다. 그것은 헌법이 선언한 복지

국가의 진보를 위해 시민사회와 더불어 협력하는 데 적절한 신학이 될 것이다.

국가 통치를 위한 정치적 도구인 세속주의는 한때 단일 종교 사회, 곧 그리스도교 사회였던 세계의 일부 지역에서 국가와 종교 사이의 갈등을 해결하기 위해 유럽과 북아메리카에서 발생하고 진화했다. 서구 세속주의의 주요한 자기 인식은, 개인주의적으로 상상한 윤리적 가치를 위해 종교와 국가의 엄격한 분리를 요구하는 일반적인 원칙이라는 것이다. 탈식민지 시기에 비서구 사회들은 서구의 세속주의로부터 특정 형태의 세속주의를 물려받았으며, 그들은 사회에서 국가와 종교 사이에서 발생하는 갈등을 해결하는 데 몇 가지 토착적인 가치를 덧붙이고 사상을 더욱 발전시켰다. 이 주제에 대해서는 이미 많이 논의되었다.[1] 그러므로 나는 오늘날 여러 나라에서 다양한 형태로 기능하는 정치적 세속주의의 역사적 발전과 이념적 · 철학적 변화에 연연하지 않고, 인도 헌법의 관점에서 공공신학을 전개하기 위해 인도 정치적 세속주의의 특징을 지적하고자 한다.

---

1 Cf. Donald Eugene Smith, *India as a Secular State*, Princeton: Princeton University Press / Oxford, Bombay: Oxford University Press, 1966; Charles Taylor, *Sources of the Self*, Cambridge: Cambridge University Press, 1989; Ahmet T. Kuru, *Secularism and State Policies toward Religion: The United States, France and Turkey*, New York, Cambridge University Press, 2009; Rajeev Bhargava, *The Promise of Indian's Secular Democracy*, New Delhi: Oxford University Press, 2010.

인도 정치적 세속주의의 특징

인도의 세속주의 형식은 인도의 심오한 종교적 다양성에 대한 정치적 긍정이다. 이는 한편으로 종교 간 상호 번역과 협력의 기회가 되어 왔지만, 다른 한편으로는 자원, 가치, 공적 공간을 둘러싸고 격한 충돌을 일으키는 원인이 되기도 한다. 이러한 충돌은 나라의 분열을 초래했고 그것의 건강하지 못한 결과는 심지어 오늘날에도 인도에 남아 있다. 그 이유는 인도에서 종교가 수행하는 방식에 여러 요소가 얽혀 있기 때문이다. 대부분의 종교는 공공의 불편을 감수하면서까지도 자신의 관행을 대중에게 보여 주는 것에 중점을 둔다. 몇몇 종교적 신념과 관습은 인간의 근본적인 가치에 위배된다. 반대로 헌법에 이러한 가치를 명확히 규정하는 것은 인간의 번영을 점진적으로 향상시키기 위한 전제 조건이다. 게다가, 이 나라에서 가장 많은 추종자를 보유하고 있는 힌두교와 이슬람은 이러한 관행을 규제할 중앙집권화된 조직과 권한을 갖추고 있지 않다. 이것은 그 일을 하기 위해서는 국가 같은 강력하고 비교적 독립적인 기관이 필요하다는 것을 의미한다. 따라서 인도의 세속주의는 종교와 국가를 분리하려는 단일한 가치의 원리가 아니다.[2] 오히려 분리는 종교적 자유와 종교적 다양성, 자유 시민권의 평등과 복지국가 같은 다중의 가치를 위한 것이다. 이는 관련 헌법 조항을 심사할 때 명확해진다.

---

2 Donald Eugene Smith, *India as a Secular State*, 221-225.

종교의 자유와 다양성 보장

인도 헌법 25조, 26조, 27조, 28조는 종교의 자유를 말한다. 25
조와 26조는 대부분의 자유민주주의 국가가 보장하는 개인과 집단
의 종교 자유를 보장한다. 제25조 제1항에 따라 '양심의 자유'라는
구절은 어떤 종교도 믿지 않는 이들의 자유를 보호하기 위한 것이
다. 제27조는 특정 종교만의 이익을 위해 세금을 납부하는 것을 금
지한다. 제28조는 국가가 인정하거나 국가의 원조를 받는 어떤 교
육기관에서 행해지는 종교적인 지시나 예배에 참여하지 않을 자유
를 규정한다. 종교 · 문화 · 언어적 다양성은 제29조 제1항과 제30
조 제1항에 따라 지역사회가 스스로 선택한 교육기관을 설립, 관리
하고 이를 보전할 수 있는 권리를 부여함으로써 보호된다.

자유 시민권의 평등 보장

제14조, 제15조 1항과 2항, 제16조 1항과 2항, 제29조 2항은 법
앞에 평등함을 보장한다. 또한 국가가 인정하는 교육기관에서 공직
이나 임용에 관한 문제에 있어서 종교, 인종, 카스트, 성별, 출생지
또는 그 어느 하나를 이유로 어느 시민도 차별받지 않는다는 것을
명시한다. 제17조는 어떤 형태로든 불가촉천민 제도는 금지되며,
제18조는 군사적 · 학문적 구별 이외의 직함을 폐지한다. 또한 제
325조는 종교, 인종, 카스트, 성별 또는 그중 어느 하나와 관계없이
모든 선거구와 주에 대한 총선거권을 선언한다. 이 조항은 평등주의
인간학의 원칙을 수호하고, 강압으로부터 자유로운 사회에서 양심

이나 종교적 신념에 따라 사회의 책임 있는 주체로서 삶을 도모할 것을 명하는 도구로 기능한다.

다양한 본질적 가치 보장

제25조 1항과 제26조에서 보장된 개인과 집단의 종교 자유는 조건부로 주어진다.[3] 이런 자유권의 행사가 공공질서, 도덕성, 보건과 같은 사회의 근간이 되는 조건과 헌법 제3부에서 보장된 기본권에 제한됨을 명시적으로 밝히고 있기 때문이다. 여러 판례를 통해 인도 법원은 종교 자유의 범위를 정할 때 헌법의 기본 정신을 반영했다.[4] 인도에는 전혀 다른 믿음 체계와 관행을 가지고 있는 다양한 종교 공동체가 함께 공존하고 있다. 이것이 사회 화합을 위태롭게 할 수도 있어서 모든 종교 행위를 최대한으로 허용하는 것은 불가능하다. 그러므로 국가는 평화가 깨지지 않도록 하고 종교 분쟁과 종교 수행에서 야기되는 광기로부터 국민의 생명과 재산의 안전을 보장하기 위해 강한 법적 규제를 제정했다. 그렇게 하는 까닭은 존엄한 인간을 보호하는 것이 인도 세속주의 국가의 관심이기 때문이다.[5]

---

3 이것은 헌법 제정 당시 제정 총회에서 계속 반복되었던 내용이다. Cf. *The Constituent Assembly Debates: 1946~1949*, vol. 7, New Delhi: Lok Sabha Secretariat (1949) 834.

4 Cf. *The State of Bombay vs. Narasu Appa Mali*, AIR 1952 Bombay, 84.87; *Ratilal Panachand Gandhi vs. State of Bombay*, AIR 1954 SC, 388.391; *Sanjib Kumar vs. St. Paul's College*, AIR 1957 Calcutta, 524.

5 인도 형법 제XV장은 특정 종교 행위가 평화를 침해하는 경향이 있다면 공격 행위라고

복지국가의 이상에 대한 헌신

헌법 서문은 인도를 사회주의적 세속 민주 공화국으로 선포한 뒤 모든 국민에게 기본적인 정치적 공공재 확보를 확언했다. 그중에서도 특히 사회 취약 부분의 이익을 염두에 두고 모두를 위해 사회적·경제적·정치적 정의를 제공하는 것을 가장 중시한다. 이 목적을 달성하기 위해, 헌법 제정자들은 헌법 제4부에 국가정책의 지침 원칙으로서 많은 조항을 포함시켰다. 인도 사법부는 정치적 자유의 긍정적이고 건설적인 내용이 헌법 제3부에서 보장된 기본 권리에 의해 보호되고 헌법 제4부에서 명시한 대로 복지국가의 원칙에 따라 제시된 평등주의 사회를 만들어야 한다는 것을 더욱 확고히 했다.[6] 몇 판례에서 대법원은 이러한 지시 원칙이 비폭력 사회혁명을 통해 특정한 사회적·경제적 목표와 그 즉각적인 달성을 고쳐 나가는 것이며, 인도 사회의 구조를 더 인간적이고 진보적으로 바꾸는 것이라고 거듭 강조했다.[7]

선언한다. 인도 형법 제295조부터 제298조까지는 종교를 보호하는 것보다 폭력에서 사람들을 보호하고 평화를 유지할 목적을 강조한다. 이 조항들은 어떤 계층 시민들의 종교적 감정을 상하게 하는 사례들을 다룬다(1860년 인도 형법 45조). 특히 제295 A절은 문명화된 행동 방식과 양립할 수 없는 행동으로 어떤 계층 시민의 종교적 감정을 손상시키는 전교 행위의 자유는 제한한다(1961년 개정 헌법 41조).

6 P.B. Gajendragadkar, *The Constitution of India: Its Philosophy and Basic Postulates*, Bombay: Oxford University Press (1972) 13-14.

7 케샤바난다 바라티(Keshavananda Bharati) 소송에서, 인도 헌법의 기본 구조에 대해 토론하면서, Jusice Shelat와 Justice Grover는 헌법 제4부에 포함된 복지국가를 건설하려는 결의가 헌법의 기본 구조의 일부가 되어야 한다고 제안했다. Cf. *Keshavananda Bharati vs. State of Kerala*, AIR 1973, SC 1461.

헌법 제정자들은 일부 사회악이 종교적 신념 및 실천과 연관되어 있다는 것을 알고 있었다.[8] 이들은 일부 종교적 신조를 해치거나 심지어 폐지할 수도 있지만,[9] 개혁을 시행하기 위해 국가의 개입을 위한 예외 조항을 두었다. 이러한 목적을 위해 중앙정부와 주 정부는 사티Sati[10]와 불가촉천민화(untouchability)를 법에 따라[11] 처벌할 수 있는 범죄로 선언하는 법률을 통과시키고, 조혼과 데바다시Devadasi 제도[12]를 폐지하고, 달리트에게 성전에 들어갈 권리를 도입하고, 일부다처제를 불법으로 명시했다.[13] 이러한 개혁은 시민의 일상생활

---

8 인도에서 종교적·사회적 관습에 관한 문제에 있어서 국가의 입법권은 영국 통치 기간 동안만 처음 주장되었다. 또 이 입법권은 사회-종교 개혁을 시작하고 국가로부터 법적 보호를 추구했던 인도 르네상스 개혁주의자들의 주장이기도 했다. 이는 힌두와 무슬림 통치자 모두 관습법에 반하는 입법권이 부족했기 때문이다. 법의 문제에서, 그들의 유일한 기능은 국민의 다양한 부분의 전통적인 법을 지키고 실행하는 것이었다. 더 자세한 내용은 다음을 참조하라. R.C. Majumdar, Gen. Editor, *History and Culture of the Indian People*, vol. 10, Bombay: Bharatiya Vidya Bhavan (1962~1968) 89-159.256-294.

9 "(2) 이 조항의 어떠한 내용도 현행법의 운영에 영향을 주거나 국가가 어떤 법률을 제정하는 것을 방해하지 않는다 — (b) 사회복지와 개혁을 제공하거나 힌두교의 모든 계층과 영역에 공공적 힌두교 종교 기관을 개방하는 것": 인도 헌법 25조 (2) (b).

10 사티는 1929년 인도에서 법으로 금지되었다. Cf. The Regulation XII of the Bengal Code passed on December 4, 1829; R.C. Majumdar, Gen. Editor, *History and Culture of the Indian People*, vol. 10, 268-275.

11 인도 헌법 제17조.

12 데바다시의 본래 의미는 '신에게 봉사하는 여성'이지만, 전통의 종교의식이라는 명분 아래 어린 달리트 여성들을 강제로 차출, 힌두 사원에 속한 공공 매춘부로 만드는 제도. 지배적인 카스트 계급이, 종교적으로 신성시하도록 강요된 이 매춘부 제도를 통해 달리트 여성들과 매춘을 결합해 자신들의 사회적 지위와 경제적 우위를 과시하는 반인권적 제도로, 국가인권위원회를 비롯한 여러 인권 단체의 비판을 받고 있다. — 옮긴이 주

13 헌법이 발효된 바로 초기에는 힌두교의 종교적 신념을 거스른 것 같아 일부 주의 법과

을 침해하지 않도록 보호하고, 사람들이 자유롭고 평등주의적인 사회에서 인간의 존엄성에 걸맞은 방식으로 삶의 방식을 준비할 수 있도록 하는 것을 목표로 한다. 개혁은 또한 이 같은 본질적인 인본주의 가치에 바탕을 둔 인간적인 사회질서를 제시하기 위해 추구되어 왔다.

인본주의적 세속주의

앞의 서술은 인도의 세속주의가 국가와 종교 사이에 엄격한 '분리의 벽'을 세우려는 것이 아니라 그것들로부터 '원칙적인 거리'[14]를 유지하려는 의도가 있음을 나타낸다. 경계도 있지만[15] 여러 종교와 관련된 종교적 관행에 국가가 개입할 수 있는 상호작용을 할 수 있는 공간도 있다. 종교를 통제하거나 파괴하려는 경향 없이 종교를 돕거나 규제할 수 있다. 여기에는 여러 주 정부의 역할이 포함된다. 소수 종교계의 교육기관에 원조를 제공하거나, 또는 자신의 종교나 다른 종교 구성원들에게 동등한 존엄과 기회를 거부하는 종교 기관에 개입하거나, 복지국가의 정책에 위배되는 종교 행위를 규제하는 것이다. 이러한 괄목할 만한 특징으로 말미암아 우리는 인도 세속주

긴장을 일으켰다. Cf. *The State of Bombay vs. Nanuet Appa Mali*, AIR 1952 Bom 84; *Ram Prasad Seth vs. State of Uttar Pradesh*, AIR 1957 All 411.

14 이 원칙의 좀 더 자세한 설명으로는 Rajeev Bhargava, *The Promise of India's Secular Democracy*, 63-105 참조.

15 제27조 및 제28조 (1)은 국가와 종교의 엄격한 분리를 명시한다. 제60조는 인도 대통령에게 신의 이름으로 선서를 하지 않을 선택권을 줌으로써 이를 확인한다.

의를 "인본주의적 세속주의"[16]로 분류한다. 이 세속주의의 종교 정책은 주로 모든 시민의 공동선을 보호하는 근본적인 인간적 가치에 의해 결정되기 때문이다.

인도 세속주의의 인본주의 성격에 내재하는 것은 도덕적 주체로서 양도할 수 없는 인간의 가치와 존엄성 및 인간의 사회적 본성에 대한 믿음이다. 따라서 인본주의 가치는 국가와 종교의 거리를 유지하게 하는 '원칙적인 거리' 정책을 만들었다. 이렇게 함으로써 특정한 개인적이고 공동체적인 정체성을 지닌 사람들은, 다종교와 다문화적인 환경에서 인간의 존엄성에 걸맞은 방식으로 정치적으로 정의된 재화의 혜택을 받을 수 있게 한다.

인본주의적 가치와 공공신학

그리스도교 신학은 풍부한 사회윤리 유산을 지니고 있으며, 대부분 교회의 사회적 가르침의 형태로 나타난다. 사회윤리는 공공 생활에서 더 넓은 사회가 제기하는 도전을 직면하고 복지국가라는 더 큰 성장에 기여하기 위해 공공신학을 지지한다. 또 책임 있는 시민성은 미덕이며, 정치 생활에 참여하는 것은 사회에 자발적이고 선의를 바탕으로 한 참여라는 점에서 도덕적 의무라고 가르치기도 한다. 책임 있는 시민성은 모든 시민이 각자의 지위와 역할에 따라 공공

---

16 이 정의와 관련한 자세한 논의는 다음을 참조하라. J.R. Devasahayam, *Human Dignify in Indian Secularism and in Christianity*, Bangalore: Claretian Publications (2007) 137-239.

생활에 참가하여 공동선을 증진하도록 요구한다.[17]

공동선 사상은 인간 본성에 내재된 가치에 대한 정치적 표현이다. 그것은 개인으로서든 공동체로서든 사람들이 풍요롭고 진정으로 인간다운 삶을 살 수 있게 하는 사회적 조건의 전체 그물망이라고 할 수 있다. 공동선은 세 가지 필수 요소로 이루어진다.

첫째, 공동선은 인간을 도덕적인 주체로 존중하는 데 뿌리를 두고 있다. 공권력은 이 도덕적 주체인 인간이라는 기반 위에서 모든 사람의 근본적이고 양도할 수 없는 권리를 존중해야 하는 의무를 지닌다. 둘째, 공동선은 다양한 개인과 공동체의 사회적 안녕과 발전을 요구한다. 다원화된 사회에서 사람들의 다양한 관심과 요구 속에서, 공공선을 보호하기 위해서 그리고 각 사람이 음식, 피난처, 교육과 고용, 건강관리와 주거, 적절한 정보, 생존권, 가족과 모임 등 품위 있는 생활을 누릴 수 있도록 공권력이 구성된다. 셋째, 공동선은 공동체적 조화를 필요로 한다. 왜냐하면 정의로운 질서의 안정과 보장이 인간이 번영하기 위한 전제 조건이자 개인과 집단의 보호를 합법화하는 기초가 되기 때문이다. 사람들은 정치 공동체를 통해 공동선의 완전한 실현을 찾고 또 그 달성을 복지국가의 유일한 목표로 삼는다.[18]

그리스도교 신앙 전통의 위대한 정신적 · 도덕적 유산에 바탕을

---

17 Cf. *Catechism of The Catholic Church*, Bangalore: Theological Publications in India (1994) nn. 1906-1909.

18 「사목헌장」26항.

둔 공공신학은 정치 공동체(국가)에 대한 그리스도교적 접근을 강조한다. 이 접근은 근본적 권리와 공동선이 인간의 존엄성이나 신성함과 인간의 사회적 본성에 있다는 신학적 인간학의 두 기본 원리에 바탕을 두고 있다. 이는 하느님께서 당신의 모상과 유사함으로 인간을 창조했다는 성서적 통찰에서 비롯된다. 하느님이 인간을 남성과 여성으로 창조했다는 사실은 바로 인간이 사회적 존재라는 것을 의미한다(창세 1,26-27). 토마스 아퀴나스는 『신학대전』 1부에서 신론을 다룬 뒤, 신처럼 인간도 지성과 자유의지, 자기 결정력(자율성)을 가지고 있기 때문에 인간을 하느님의 모상으로 창조되었다고 묘사하면서 2부를 연다.

토마스는 인간이 본성상 사회적이고 정치적인 존재라고 주장한다. 그는 사회적 본성에 따라 인간이 성취와 행복을 이루기 위해서는 가족이나 정치 공동체 등 다양한 구조와 연관 속에서 살아야 한다고 본다. 정치 공동체는 그 자체로 필요하고 선하지만 여전히 한계가 있다. 정치 공동체가 인간의 본성에 근거하기 때문에 인간의 완성을 이루는 데 좋은 기능을 한다. 정치 공동체의 존재 이유는 공동체와 개인의 복지를 위한 공동의 이익을 증진하는 것이다. 국가의 제한된 역할은 국가가 인간의 존엄성과 사회적 본성을 대체할 수 없다는 점에서 인간의 존엄성에 바탕을 둔다.

제2차 바티칸 공의회의 주요 문헌으로 현대 세계 교회에 사목적 기준을 제시한 「사목헌장」은 신학적 인간학과 교회의 사회적 가르침의 기초를 체계적으로 다루고 있으며, 이 두 인간학적 원리를 강조한다. 또 공의회는 이러한 원리를 정치 공동체와 인권의 기초로 제시한다.[19] 공의회는 더 넓은 세계를 향해 적극적인 사목 정책을 취하고, 인간의 존엄성과 사회적 본성에 바탕을 두고 인간 문제의 해결책을 찾기 위해 대화와 협력에 임한다.[20] 공의회 문헌은 우리가 창조를 통해 창조주이신 바로 그 하느님을 믿는 관계적 존재라는 사실을 강조한다. 인간을 향한 그리스도의 구속적인 사랑은 인간의 존엄성을 완전히 명확하게 볼 수 있게 해 주며, 하느님과 이웃을 사랑하라는 그의 이중 계명은 우리에게 서로에 대한 도덕적 의무를 갖게 한다.[21] 그리스도교 사회윤리에 비추어 볼 때 정치 생활에 참여하는 것은 모든 그리스도인과 선한 의지를 가진 모든 사람의 필수적인 의무다. 이러한 성찰을 바탕으로 공공신학은 인도 헌법의 관심사를 신학적 주제로 삼으며 국민의 삶의 질을 개선하기 위해 그리스도 신앙의 관점에서 생산적인 통찰을 제안한다. 이를 위해 나는 시민사회와 협력하여 공동행동을 위해 지속적으로 강조한 국가적 관심사에서

---

19 Thomas Aquinas, *The Summa Theologica*, I^a II^{ae}, Prologue; I^a II^{ae}, q.61, a.5; I^a, q.96, a.4; I^a II^{ae}, q.72, a.4 etc. 성 아우구스티누스의 "Imago Dei"(하느님의 모상)의 인간학과 관련해서는 John Edward Sullivan, *The Image of God: The Doctrine of St. Augustine and its Influence*, Iowa: The Priory Press, 1963 참조. 이와 관련해 신 스콜라 신학을 바탕으로 한 현대 가톨릭의 이해를 보려면 다음을 참조하라. Jacques Maritain, *Man and State*, Chicago: Chicago University Press, 1951.

20 종교 자유에 관한 선언 「인간 존엄성」 2항 참조.

21 현대 세계의 교회에 관한 사목헌장 「기쁨과 희망」 40-45항. 교황들의 사회 회칙 대부분은 이러한 사목 정책을 유지한다. 이와 관련해 Charles E. Curran, *Catholic Social Teaching 1891~Present: A Historical Theological and Ethical Analysis*, Washington, D.C.: Georgetown University Press (2002) 131-136 참조.

아래 세 분야를 가려 뽑고 이를 좀 더 성찰하고자 한다.

해방적 대화

제2차 바티칸 공의회는 대화의 관점에서 세상에 대한 교회의 사목적 직무를 수행했다. 대화의 목적은 다양한 신앙과 이념을 가진 모든 민족과 협력하여 인간의 존엄성에 걸맞은 인간 연대의 세계를 건설하는 것이다. 따라서 공의회는 그리스도인들에게 대화를 통해 종교와 문화에서 무엇이 진실하고 좋은지를 발견하고, 그 안에서 발견되는 정신적·도덕적 가치를 인정하고, 보존하고, 홍보하는 법을 배우도록 한다.[22] 교황 요한 바오로 2세는 점점 더 상호의존적이 되어 가는 다문화 세계의 신앙인들 사이의 대화와 협력의 필요성을 거듭 강조했다. 대화의 목적은 "개인의 양도할 수 없는 존엄성, 평등, 모두를 위한 정의, 인간관계에서의 연대와 관용을 존중하는 확고한 토대 위에서"[23] 전 세계 사회를 개선하는 것이다. 정치적 현실 세계는 다원적 시민사회에서 교회가 타인과 협력하여 이러한 대화의 임무를 수행할 것으로 기대되는 분야 중 하나이다.

인도의 사회정치적 상황을 보면서 '해방적 대화'[24]라는 개념을 만든 펠릭스 윌프레드는 인도 맥락에서 이러한 해방적 대화가 인도

---

22 교회의 선교 활동에 관한 교령 「만민에게」 11항; 비그리스도교와 교회의 관계에 대한 선언 「우리 시대」 2항 참조.

23 Allocutions of Pope John Paul II, in Edmund Chia (ed.) *Dialogue Resource Manual for Catholics in Asia*, Bangkok: FABC-OEIA (2001) 67.

24 Felix Wilfred, *From the Dusty Soil*, Chennai: University of Madras (1995) 261-274.

의 사회정치적 요구에 대응하는 적절한 방법이 될 것이라고 제안한다. 그의 입장은 시민사회에서 인간화라는 공동 프로젝트를 위한 '인간화 및 해방 윤리'[25]에 기반을 둔다. 윌프레드는 그것을 인도의 종교성과 동시에 사회 일터에서 비인간화하는 힘으로서의 현실이라는 상황에 위치시킨다. 종교는 빈곤, 카스트 차별, 공동체의 갈등과 같은 비인간화의 힘으로부터 사람들을 해방시키기 위해 힘을 불어넣을 수 있는 해방적 잠재력을 가지고 있다. 왜냐하면 이것들은 사회적 연대나 공동체의 화합에 심각한 영향을 미치는 문제들이기 때문이다.

일찍이 1970년대에 인도 정부의 국가통합위원회 위원들도 비슷한 견해를 제시했다. 국가통합위원회는 종파주의와 근본주의를 추종하는 새로운 민족적 경향이 출현하고 국가 통합을 향한 노력이 필요한 상황에서, 인도에서 종교 간 대화가 인간의 존엄성에 대한 헌법적 가치에 초점을 두고 나아갈 수 있다고 제안했다.[26] 마찬가지로, 1980년대 초 인도 가톨릭 교회는 인도의 정의로운 사회를 위한 투쟁에서 "예수가 교회로 하여금 사회에 전파하도록 명한 그러한 가치를 증진하는 데에 선의를 가진 모든 사람들과 함께할 필요가 있다"[27]는 비슷한 이해를 하게 되었다. 나는 이러한 문제들을 다루기

---

25 *Ibid.*, 270-272.

26 Cf. P.B. Gajendragadkar, *Secularism and the Constitution of India*, Bombay: University of Bombay (1971) 166-170.

27 D.S. Amalorpavadass (ed.) *The Indian Church in the Struggle for a New Society*, Bangalore: NBCLC (1981) 72.

위해 선의의 사람들과 해방적 대화를 할 수 있는 새로운 길을 닦는 것이 헌법이 의도하는 국가의 세속적 정신을 강화하기 위해 공공신학이 할 수 있는 긍정적이고 적절한 기여라고 본다.

다원주의 긍정

우리는 앞서 도덕적 주체로서 국민의 양도할 수 없는 존엄성이 종교의 자유에 대한 권리의 기본임을 언급한 적이 있다. 인간의 존엄성은 신에 대한 인식이나 양심에 대한 확신에 따라 사람들이 자유롭게 진리를 추구하고 삶을 도모할 것을 요구하기 때문에 정치 공동체가 다원적 성격을 변함없이 유지하는 이유이기도 하다. 다원주의, 특히 종교 다원주의는 인도인의 생활방식의 귀중한 측면 중 하나이다. 인도인의 현실은 다원적 정체성, 곧 종교적·문화적·언어적 다원성이 특징이다.

인도인들의 다원주의적 태도는 인도의 독립운동에서도 중요했다. 인도인들의 현실은 다원적 정체성, 곧 다양한 종교와 문화와 언어로 특징지어진다. 이것은 당시 종파적 민족주의 세력뿐만 아니라 식민 지배에 대항하여 싸운 세속적인 민족운동에서도 드러났다.[28] 다양한 공동체에 속하는 이들은 자유 투쟁의 전망을 강하고 통일된 인도 안에서 찾고자 했다.[29] 이러한 전망은 국가의 핵심적인 정신으

---

28 J.R. Devasahayam, *Human Dignity in Indian Secularism and in Christianity*, 104-110.

29 Bipan Chandra, *Essays on Indian Nationalism*, revised edition, New Delhi: Har-

로서 헌법에 반영되었으며, 헌법 제51A조(f)에서 '복합 문화'로 언급되었다.

세속 국가로서 인도는 다원적 사회들로 이루어진 국가 공동체다. 다종교, 다문화, 다민족, 다언어적 정체성을 가진 사람들이 개인과 집단의 종교 자유를 보호하는 세속적 헌법에 따라 정치 공동체의 주체가 된다. 헌법은 어떤 형태로든 종교나 문화 측면에서 사람을 균질화시키는 것을 금지하고 있으며, 다원주의가 다양성 속에서 누구에게나 공간을 제공한다는 점에서 정치 공동체를 인간적으로 만들어 간다는 것을 인정한다.[30]

그리스도 신앙은, 인간의 사회적 본성이 하느님의 모상으로 창조된 인간의 필수적인 측면이라고 주장한다. 이는 인간이 책임과 자유 속에서 다른 사람과 관계를 맺음으로써 인간 고유의 개성을 계발하고 사회화를 통해 하느님이 준 잠재력을 실현하라는 뜻이다. 인간의 사회적 본성은 인간이 하느님과 인격적 친교를 맺고 사회 안에서 서로 친교를 나눌 수 있는 능력에 기초하고 있으며, 또 그 능력에서 나온다.[31] 하느님께서 당신의 모상으로 인간을 창조하시어 다양한 공동체에서 책임감 있는 자유를 누리며 삶을 꾸려 나가도록 하신 것은, 세 위격의 친교이신 하느님의 삼위일체적 신비에 대한 표지이기

Anand Publications (1993) 46.

30 J.R. Devasahayam, *Human Dignity in Indian Secularism and in Christianity*, 98-104.

31 「기쁨과 희망」 12항.

도 하다. 신앙에서 감화를 받고 영감을 얻는 공공신학은 인도 사회의 다원적 성격을 성장시킬 수 있는 방향으로 공헌하는 것이 바람직해 보인다.

평등사회와 복지사회 옹호

인도 사회가 평등주의적 사고방식을 취하지 않는 한 세속 정치질서는 헌법이 원하는 복지사회를 이룰 수 있는 가능성이 크지 않아 보인다. 세속 국가에서는 정치 공동체의 각 구성원이 어떠한 폭력으로부터도 존엄성을 보호하기 위한 권리와 의무를 가지고 국가와 직접적인 관계를 맺는다. 그런 점에서 유구한 카스트제도는 인도가 지향하는 복지사회와 평등한 문화의 골칫거리가 되어 왔다. 카스트제도에는 인간이 태어나면서부터 본성적으로 평등하지 않다는 위계적 인간학이 함축되어 있다.

서구 자유주의 사상의 평등주의 휴머니즘에 영향을 받아, 19세기 초 인도 개혁가들은 평등주의적 인간학의 가치를 인도의 정신에 불어넣었다. 그 결과 인도 헌법 제정자들은 헌법 서문에 평등 원칙을 국가 건설의 필수 가치로 추가했다. 이에 따라 인도 공화국은 "지위와 기회의 평등, 그리고 개인의 존엄성과 국가의 단결과 통합을 보장하면서 모든 시민 가운데 형제애를 촉진하기로"[32] 결의했다. 헌법 제14조는 모든 국민이 법 앞에 평등하다는 권리를 보장하고 인

---

32 인도 헌법 서문.

도 영토 내 어디서든 법의 평등성이 수호된다고 규정한다. 종교, 인종, 카스트, 성별 또는 출생지에 따른 차별은 금지된다.[33] 그럼에도 카스트의 경직성과 잔혹성은 엄청난 수의 끔찍한 사건을 보도하는 대중매체들이 강조했듯이, 전국 여러 지역에서 다양한 형태와 방식으로 반복된다. 한 사회는 모든 구성원을 인간 존엄성에 따라 존중할 때에만 평등주의적이며 자유롭다. 인도의 종교는 이러한 헌법의 목적을 달성하기 위해 입법 과정에 국가와 협력해야 할 큰 책임이 있다.[34]

인도 대법원은 종교의 자유권과 관련된 여러 판례에서 종교 행위가 인간의 존엄성을 보호하기 위한 특정한 인본적 가치에 종속된다는 헌법적 의도를 거듭 강조했다. 따라서 제25조와 제26조에서 보장된 종교의 자유권은 종교 행위에서 인간의 존엄성을 보호하기 위한 조건부 권리이다. 종교는 헌법이 정한 평등주의적 목적을 거스를 수 없다.

평등주의 인간학이 그리스도교 사상의 근본적인 가치이기 때문에 공공신학이 시민사회에 능동적으로 참여할 수 있는 중요한 공공의 장을 확보한 또 하나의 사례가 여기에 있다. 제2차 바티칸 공의회는 인간 존엄성을 침해하는 국가의 차별 행위는 "하느님의 뜻을

---

33 인도 헌법 15조 (1)과 (2), 16조 (1)과 (2), 29조 (2), 17조 참조.

34 인도 대법원이 힌두교의 모든 영역과 계층에 힌두교의 예배 장소를 개방할 수 있도록 허용한 1956년 봄베이 힌두교의 공공 예배 장소 (출입 허가)법, 곧 1956년 '봄베이 법령 31조'에 이의를 제기한 사건을 판결하면서 이 문제가 주목받아 왔다. 이와 관련해 *Shastri Yagnapurshdasji vs. Muldas Bhunardas Vaishya*, AIR 1966 SC 1119.1135 참조.

거스르고 인간과 인류 가족의 신성한 권리를 침하는 것"[35]이라고 선언한다. 공의회는 평등주의 인간학이 평등한 사회의 기본이라고 평한다. "모든 사람이 이성적 영혼을 갖추고 하느님의 모습대로 창조되어 같은 본성과 같은 기원을 가지고 있으므로, 또 그리스도께 구원을 받고 동일한 신적 소명과 목적을 지니고 있으므로, 모든 사람의 근본적 평등은 더욱더 인정받아야 한다. 분명히 육체적 능력이 다르고 지성적·도덕적 역량이 다르므로 모든 사람이 동등하지는 않다. 그러나 인간 기본권에서 모든 형태의 차별, 사회적이든 문화적이든, 또는 성별, 인종, 피부색, 사회적 신분, 언어, 종교에서 기인하는 차별은 하느님의 뜻에 어긋나는 것이므로 극복되고 제거되어야 한다."[36]

공공신학은 인도 헌법이 그리는 평등한 사회질서 안에서 거룩한 표징을 읽어 낸다. 공공신학은 국민의 뜻을 보존하고 있는 헌법 각 조항을 통해 활동하시는 하느님을 읽는다. 성서의 하느님은 사회에서 백성이 불평등한 대우로 겪는 고통, 주류 정치 집단으로부터의 소외, 인격의 불인정 등을 염려한다. 이런 일들은 한 사회에서 사람의 생명을 위태롭게 하는 위협적인 상황으로 몰고 간다.[37] 그리스도교 성서는 하느님이 그러한 상황에서 백성을 보호하신다고 말한다.

---

35 「인간 존엄성」6항.

36 「기쁨과 희망」29항.

37 이러한 문제에 관한 중요한 성찰은 다음을 참조하라. Felix Wilfred, "The Margins - The Sites of God's Visitation", in *Third Millennium*, vol. II (1999) 110-117.

히브리인들의 예언 사화들은 사회 주변부로 밀려난 소외된 백성이 하느님의 음성을 들을 수 있는 장소임을 일깨워 준다.[38] 예언은 성스러운 예배나 성전을 중시하지 않고, 인간의 평등과 존엄성이 부정되는 상황에서 인간 생명의 신성함에 초점을 둔다.

이와 마찬가지로, 주변화된 사람들에게 특권을 부여하는 것은 예수의 하느님 나라 설교의 핵심이다. 예수는 종교적 금기와 사회규범 때문에 법 앞에서 평등이 거부된 개인 및 공동체와 가까이함으로써 하느님의 자녀라는 존엄성에 근거한 평등을 긍정했다. 사회에서 주변화된 이들을 우선 배려하려는 방법과 수단을 강구하여 예수의 예언자적 사명을 지속하는 일은 공공신학의 특권이다. 이것이 우리 시대의 교회가 그리스도의 사명에 충실할 수 있는 방식이기 때문이다. 교회는 이 사명을 실천하면서 단독으로가 아니라 시민사회에서 활동하는 비슷한 뜻을 가진 많은 단체와 협력하여 헌법이 의도한 대로 복지사회의 원리인 평등한 사회의 정치 구조를 강화하는 데 기여한다.

결론

인도 헌법의 세속 조항은 모든 시민의 복지를 긍정하는 포괄적이고 평등주의적인 국가 공동체 건설을 제시한다. 이 공동체에서는 인간의 존엄성 및 사회적 본성과 관련해 정의의 윤리와 공동선, 종

---

38 탈출 3,7-10; 14,13-15.21; 아모 2,6-21; 3,9-15; 4,1-12.

파 간 화합과 인간적 연대가 국민 생활의 모든 영역을 채우고 있다. 확실히 이러한 가치들은 예수가 설교한 하느님 나라의 전망 및 실천과 깊이 연결된다. 이는 인류의 마음에 심긴 보편적 가치이기도 하다. 또한 이러한 가치를 받아들인 정치적 기관들은 그 운영 방식이 불완전하더라도 인간의 정치 공동체에서 활동하시는 하느님 통치의 표지이다.

우리 사회는 헌법이 규정한 대로 인종, 종교, 성, 종족에 따라 사람들을 차별하고 배제하는 데 맞서 계속 싸우는 것이 중요하다. 차별과 배제는 인간 존엄성을 심각히 위반하는 것이기 때문이다. 과거의 차별과 배제의 영향이 제도화하여 지속되는 경우, 사회는 고통스러운 불의의 유산을 극복하기 위해 적극적인 조치를 취해야 할 의무가 있다. 여기에는 삶의 질 향상을 위해 정치적으로 규정된 재화와 서비스의 혜택을 가로막는 장벽을 제거하는 일도 포함된다.

이러한 국가 공동체를 건설하려면 정의로운 정치적 투신 이상의 것이 필요하다. 개인, 종교 단체, 기업체, 공동체 조직들, 정부 모두 역할이 있다. 교회를 비롯한 종교 단체들과 세속 운동 단체들은 국가의 사회구조 안에서 이러한 인본주의적 가치를 육성하기 위한 방편과 이상적 정치체제를 제시한다. 어떻게 교회가 그 신앙의 선포로 말미암아 이러한 항구적인 인간의 가치를 시민사회에 전파하는 중요한 전령으로서 하느님 나라의 성사聖事가 될 수 있는가? 여기서 교회는 자기 사명에 창조적으로 충실하면서 시민사회에서 활동하고 있는 종교적이고 세속적인 해방운동과 협력하여 공공의 신학을 발전시켜야 할 필요가 있다. 교회의 사명은, 헌법의 요망대로 국민 삶의 질을 향상시키기 위해 복음의 공공적 의미를 구현할 수 있도록 이러한 운동과 점점 더 어우러져야 한다.

8장

하위주체의 사회운동:
그리스도교 사회윤리의 재발견을 위한 자리

조지 재커라이어George Zachariah

공공신학은 우리 시대에 추진력을 얻고 있는 신학 운동이다. 이 신학은 '공공성'에서 자신의 역할과 존재 의미를 확인한다. 그리고 종교를 공적인 현상이라고 주장하면서 '세속화론'을 재평가할 것을 제안한다. 공공신학은 성과 속이라는 이분법적 사고를 거부한다.[1] 또한 신학적으로 공공 분야에 참여하고 있는 독립적이지만 연관된 기

---

[1] Cf. Gnana Patrick, "Public Theology and Religious Pluralism: Some Preliminary Reflections", in *Gurukul Journal of Theological Studies*, vol. XXII, no. 1, January (2011) 41-50. 아시아 맥락에서 공공신학에 관한 자세한 논의로는 Felix Wilfred, *Public Theology: Critical Concerns in Challenging Times*, Delhi: ISPCK, 2010 참조.

획들이 내는 다양한 음색의 음악이다. 여기서 적어도 세 과제를 식별할 수 있다. 첫째 과제는 공공의 영역에 있는 제도화된 교회를 공공 지향적인 교회로 다시 상상하는 것이다. 둘째는 신학이 다른 학문이나 담론의 방식과 공유할 수 있는 진리의 공통 기준을 파악함으로써 신학적 담론의 공공성을 입증하는 것이다. 셋째 과제는 우리 시대의 중요한 현안들에 대응할 수 있는 미래지향적인 신학적 표현 양식을 개발하여 종교적 경계를 넘어서 더욱 광범위한 대중이 참여할 수 있게 하는 것이다.

현대 신학 사상과 담론의 형태로 우리의 맥락에서 공공신학이 등장하면서, 특히 우리의 '공공 영역' 주변부에서 공공신학의 정치학과 인식론에 대해 여러 문제를 제기하는 비판적인 목소리가 들려온다. 그들은 기본적인 질문으로 시작한다. 우리는 신뢰와 적절성을 오래전에 잃은 종교와 종교 제도의 지위를 되살리려 하고 있는가? 그들은 더 나아가 '공적인'(public)이라는 형용사에 문제가 있다고 보기도 한다.

보통 공적인 공간은 '사적 또는 가정적'인 공간과 대조되며, 교육받고 특권을 누리는 남성들의 장소로 나타난다. 반면, 이 사적 또는 가정적인 공간은 여성이나 하인, 빈민의 장소이다. … (그러나) 공공 장소를 집으로 쓰는 노숙자나 빈민에게 집은 사적인 것이 아니라 공적인 광장이다. 그러나 이들은 공론장이나 서구 공공신학에서 아무런 목소리를 내지 못하는 바로 그 사람들이다. 공적인 광장은 이러

한 집 없는 가난한 사람들이 사는 집임에도 그들은 자신의 집에서 여전히 디아스포라로 남아 있다.[2]

공론장과 공공신학은 논쟁의 여지가 있는 개념이고 범주다. 그래서 이 장에서는 이러한 개념을 비판적으로 다루고자 한다. 현시대의 대중 안에서 그리스도교의 윤리적 식별과 실천에 관한 새로운 담론을 시작하기 위해 주변부 공동체들과 이들의 사회운동의 관점에서 바라보고자 한다.

공론장과 시민사회에 관한 질문

담론적 모델로서 공론장 개념은 위르겐 하버마스의 중요한 공헌이다.[3] 공론장은 여론을 형성할 수 있는 영역이다. 이 영역은 개념적으로 국가나 시장과는 구별된다. 주로 국가와 시장에 비판적인 담론을 만들고 퍼뜨리기 위한 논의의 장이자 무대이다. 여기서 주목할 점은 하버마스가 그의 신 사회운동 이론의 하나로 공론장 개념을 발전시켰다는 것이다.

1960년대 후반 신 사회운동(여성운동, 환경운동, 반전운동 등)은 하버마스에게 공론장의 주요 원천이 되었다. 하버마스는 자신의 의사소

---

2 Jione Havea, "Going Public with Postcolonial Hermeneutics", in *Gurukul Journal of Theological Studies*, vol. XXI, no. 2, June (2010) 41.

3 공론장 이론은 하버마스의 다음 책에 더 자세히 나온다. *The Structural Transformation of the Public Sphere: An Inquiry into a Category of Bourgeois Society*, Cambridge: MIT Press, 1989.

통 행위 이론에서 체계와 생활세계를 구분하고, 체계에 의한 생활세계의 식민화를 현대적 위기의 근본 원인으로 진단한다. 여기서 체계는 돈과 권력에 의해 조정되고 시장과 국가로 대표되는 현대사회의 행정 영역으로 이해된다. 하버마스는 생활세계를 사람이 함께 살고 서로 소통하는 일상 세계, 상징적 상호작용의 현장으로 본다. 그의 신 사회운동 이론은 자본과 노동의 대립이 체계와 생활세계 사이의 갈등으로 옮겨 간다는 것을 뼈대로 한다. 노동운동의 '구 정치학'에 대한 이러한 시각은 그가 분배 투쟁을 거부한 데서 뚜렷이 드러난다. 따라서 하버마스의 공론장 개념은 생활세계의 식민화와 새로운 사회운동이라는 더 넓은 맥락에서 이해될 필요가 있다.

하버마스는 공론장을 담론이 자리 잡는 장소로 제시하며 이는 개념적으로 국가나 시장과 구분된다고 본다. 공론장은 시민들이 정치적 변화를 가져오기 위해 새로운 담론을 만들어 내고 퍼뜨리기 위해 담론적 상호작용에 참여하는 영역이다. 하버마스의 공론장 개념은 풀뿌리 민중의 인식론적 관점에서 보면 문제가 있다. 여기서 세 가지 점에 주의를 기울여야 한다. 우선 하버마스의 공론장은 시민들이 공동 관심사에 대해 의견을 나눌 수 있도록 장을 만들어 국가의 정치적 지배를 정당화하는 '부르주아 공론장'으로 기우는 경향이 있다. 이와 같은 맥락에서 공식 (부르주아) 공론장은 국가 지배의 헤게모니 양식을 정당화하는 제도적 영역이다.

둘째, 부르주아 공론장은 보편적이고 규범적인 추론 방식을 이상화하며, 그 결과 대다수의 사람들, 곧 여성, 토착민 공동체, 불가촉천민, 어린이를 토론 영역에서 배제한다. 다르게 표현하면, 이러한 의미에서 공론장 개념은 하위주체의 담론적 권위와 차이를 거세하는 이념이다. 셋째, 하버마스의 공론장 개념은 너무나 획일적이어서 부르주아 공론장과 동시에 존재하는 대항공론장을 인정하지 않는다. 패트리샤 힐 콜린스가 흑인 공론장이나 흑인 시민사회(가족, 교회, 우애 조직 및 여타 기관들)의 정치적 의의를 기억해 낸 것은 부르주아 공론장에 의해 담론적 권위가 제거된 여러 대항공론 가운데 하나를 보여 줄 뿐이다.[4]

페미니스트 그리스도교 윤리학자 신시아 모-로베다가 '공공성'이라는 용어에 대해 문제를 제기한 것은 우리 논의와 관련해 중요하다. 자유주의에서 시작된 공과 사의 구분은 사회를 경제와 정치라는 공적 영역과 가정이라는 사적 영역으로 나눈다. 가족, 성, 도덕 교육, 여성의 삶은 사적 영역에 속한다. 그 결과 가족 내에서의 폭력은 사적인 일로 치부된다. "하느님과 맺는 인격적 관계는 공적 생활이나 사회구조를 위해서는 하찮은 것으로 간주될 것이다." 또한 자유주의는 단일한 공중을 전제로 하며, 단일한 공동선을 위해 다름이 제거된다. "하나의 공동선을 지닌 단일한 공중을 의심의 여지 없이 받아들이는 것은 사회적 약자의 관점과 이익을 배척하면서 엘리트 이익의 정당화를 위한 경향으로 기울 수 있다."[5]

4 Patricia Hill Collins, *Fighting Words: Black Women and the Search for Justice,* Minneapolis: University of Minnesota Press (1998) 22-32.

5 Cynthia D. Moe-Lobeda, *Public Church: For the Life of the World*, Minneapolis:

우리는 시민사회의 개념에서도 이와 비슷한 모호성을 본다. 존 킨에 따르면, 세계 시민사회는 "개인, 단체, 조직이 국경을 초월해 자신의 힘을 조직하고 사용할 수 있도록 한다. … 시민사회는 개인과 집단이 움직이고, 일을 결정하고, 그들의 의향을 따르고, 정부 권력자들이 귀를 기울이도록 하고, 여러 유익한 상호 교류에 참여하게 하는 비정부적 구조와 규칙을 제시한다. 또한 사회적 요구에 따른 생산과 시장경제의 사회화를 위해 일함으로써 이익보다는 사회적 필요에 우선을 둔다."[6] 이는 주류 언론이 인도 부패 척결 운동에 대해 선전한 것과 정확히 일치한다. 정의와 자유를 위해 헌신하는 각 계각층의 종사자들이 함께하는 운동으로서 '안나 운동'[7]은 부패한 의회 민주주의에 대한 가장 중요한 시민사회의 대안으로 제시되었다. 그러나 우리가 목격해 왔듯이 유력한 시민사회가 주도하는 거대한 전망과 계획들은 그 특권적 위치와 이익에 의해 기존의 비판적 시각이 퇴색되었기 때문에 뿌리 깊은 구조적 폐해를 해결할 능력이 없다.

이러한 배경에서 시민사회와 공론장 개념에 대한 비판적 개입

Augsburg Press (2004) 7-8.

6 John Keane, "A World for All? Thoughts on Global Civil Society", in *A World for AIR Global Civil Society in Political Theory and Trinitarian Theology*, William F. Storrar, Peter J. Casarella, and Paul Louis Metzger (eds.) Grand Rapids: William B. Eerdmans Publishing Company (2011) 32.

7 안나 운동은 반부패운동 활동가인 안나 하자레(Anna Hazare)가 2011년 4월 5일 뉴델리의 한 기념탑에서 벌인 단식투쟁을 말하며, 이 운동으로 큰 전기를 마련하면서 붙여진 이름이다. ― 옮긴이 주

이 나타난다. 하위주체의 관점에서 이러한 개념들을 문제 삼을 필요가 있다. 낸시 프레이저가 개발한 하위주체 대항공론장(subaltern counterpublic spheres) 개념은 우리에게 본보기가 된다. 프레이저는 하위주체 대항공론장이 "종속적인 사회집단의 구성원들이 대항담론을 개발하고 순환시키는 평행 담론 영역으로, 그들의 정체성과 관심과 필요에 대해 저항하는 (새로운 의제를 제시하는) 해석을 마련할 수 있게 한다"[8]고 묘사한다. 여기서 주목해야 할 것은 프레이저가 제안한 하위주체의 공론장은 부르주아 공론장에 대항하기 위한 것이 아니라는 점이다. 오히려 여러 공론장과 지속적으로 교류하고 대화를 나눈다. 그러므로 하위주체 공론장은 서로 다르거나 반대되는 지식의 구성과 순환을 위한 대안적 담론 영역이다. 하위주체 공론장은 풀뿌리 지역사회가 반대되는 지식을 명확히 하고 지배적 주장에 이의를 제기하는 정치적 세력으로서 그것을 발전시킬 수 있도록 한다. 다양한 대항 대중을 인정하는 것은 공동체가 생활세계에서 직면하는 다중적 억압의 현실을 더욱 부각하고 연대의 연합 시도를 강화한다.

하위주체 대항공론장의 윤리와 지식과 정치

하위주체 대항공론장은 윤리와 지식과 정치의 경계에 있다. 지식은 항상 윤리와 정치에 근거해 구성되고 논의된다. 하위주체 인식론은 저항적인 정치적 · 윤리적 실천으로서 지배권에 대항하는 인

---

8 Nancy Fraser, *Justice Interrupts: Critical Reflections on the "Postsocialist" Condition*, New York: Routledge (1997) 81.

식론을 구성한다. 그들에게 지식은 정치적·윤리적 실천이다. 이를 통해 하위주체는 불평등한 사회관계를 이해하고 자신을 주변으로 밀어내며 심지어 주체성을 제거하는 지배적인 사회구조에 대해 윤리적 판단을 한다. 이로써 이들은 함께 새로운 세계를 꿈꾸고 설계한다. 불가촉천민인 달리트가 인식론을 이해하는 방식은 이러한 관점을 지지한다. 고팔 구루가 올바로 표현했듯이 달리트 범주는 "형이상학적 구조가 아니다. 달리트는 자신의 물질적·사회적 경험으로부터 인식론적·정치적 힘을 얻는다. 달리트 범주는 사실 집단적 주체의 현재 세계와 재건에 대한 인식적이고 정서적인 반응을 촉진한다".[9]

'저항하는 시선'이 공론장의 담론에서 빠지게 되면 하위주체는 지식이 만들어지는 지배적인 방식에 따라 각인된 인식의 식민화 때문에 현실을 비판적으로 보지 않는다. 따라서 지배적인 앎의 방식에 대한 적극적이고 집단적인 저항은 하위주체가 저항적 시선을 갖기 위한 전제 조건이다. 벨 훅스가 옳게 지적했듯이, 우리는 저항적 시선으로 "저항 이상의 일을 한다. 우리는 단순히 반응만이 아닌 **대체 텍스트**를 창조한다. 비판적인 참관자로서 흑인 여성은 여러 차원에 걸쳐서 다양한 관계, 경쟁, 저항, 수정, 심문, 발명 등에 참여한다".[10]

9 Gopal Guru, "The Language of Dalit-Bahujan Political Discourse", in *Dalit Identity and Politics*, Ghanshyam Shah (ed.) New Delhi: Sage Publications (2001) 102.

10 Bell Hooks, "The Oppositional Gaze: Black Female Spectators", in *Feminist Postcolonial Theory: A Reader*, Reina Lewis and Sara Mills (eds.) London: Routledge (2003) 218.

공동체가 살아 있는 체험을 저항적 앎으로 변혁할 때 그 체험은 인식론적 체험이 된다. 이 체험은 종속의 현실을 비판적으로 이해하고, 그 현실을 정의롭고 참여적인 사회관계로 대체하려는 전망과 정치 전략을 포함한다. 하위주체 대항공론장은 윤리와 지식과 정치가 서로 대면하는 장이다.

하위주체 대항공론장은 지식의 역사에서 대상화되고 까발려진 상처를 몸 안에 공통으로 가지고 있는 풀뿌리 공동체로 이루어진다. 이 공동체들은 현실을 떠난 공동체가 아니고 참여적인 활동가 개인들도 아니며 정치적으로 각성된 주변부 공동체다. 사실 저항적 지식은 공론장의 진실 체계를 거부한다. 이 주류 공론장은 하위주체를 주체성 없이 재현되고 식민화되도록 대상화하여 축소시키기 때문이다. '진정한 목소리'를 내고 '참된 권력'을 잡는 과정에 의식적으로 참여하는 공동체만이 패권주의에 반하는 지식을 구성할 수 있는 인식론적 권위와 인지적 주체성을 갖는다. 이 공동체들은 현대 하위주체 대항공론장에서 활발하게 활동하고 있는 운동 조직들이다.

이러한 맥락에서 우리는 사회운동을 하위주체 대항공론장의 주요 구성 요소로서 긍정한다. 사회운동은 대안 사회 건설에 관여한다. 독립 인도는 이념적 정박지가 다양했고 사회적 갈등에 대한 인식도 다양했기 때문에 '새로운' 것으로 간주될 수 있는 많은 사회운동을 만들어 냈다. 게일 옴베트에 따르면 인도의 새로운 사회운동은 "이념에서 명백하게 반체제적이며, 계급 없고 가부장적이지 않으며, 약탈적이지 않으며, 지속 가능한 사회를 지향한다. 사회운동들은 각각의 관점에서, 현 사회질서와 뿌리에서 충돌한다. 또한 현재 상황과 착취와 억압의 원인을 새로운 방식으로 분석하고(마르크스주의를 재고함), 인도 사회와 역사를 새롭게 이해하며(공동체를 새롭게 상상함), 변화를 위한 새로운 행동 방식을 모색한다".[11]

그러므로 사회운동은 대안적 현실의 맥락과 전망에 대한 성찰을 표현하는 의사소통 매체다. 사회운동들은 사회제도가 소통되고, 비판되고, 탐구되는 여러 체계를 상징한다. "운동은 만들어지지 않으며, 지도자에 의해 주도되거나 출범하는 경우는 훨씬 더 적다. 때가 무르익거나 인간의 민낯이 드러나 인간이 인내할 수 있는 한계를 넘을 때마다, 운동은 자동으로 풀려 나와서 갈등적인 집단의식의 작용을 자극하여 스스로를 드러낸다."[12] 이것이 바로 우리 시대 하위주체 대항공론장에서 우리가 목격하는 정치이며, 사회 현실을 철저하게 변혁하기 위해 정치윤리적 동기로 현실을 이해하려는 실천 사상이다. 이러한 정치는 하위주체의 특별한 주변부 체험을 통해 매개된 참여적이고 집단적인 지식을 구성해 낸다. 지배권에 대항하는 담론은 하위주체의 투쟁에서 발생한다. 이러한 이유로 사회운동 같은 하위주체 대항공론장은 대안적인 정치와 윤리의 현장이 된다.

---

11 Gail Omvedt, *Reinventing Revolution: New Social Movements and the Socialist Tradition in India*, Armonk: M.E. Sharpe (1993) 318.

12 Rajendra Singh, *Social Movements Old, and New: A Post-modernist Critique*, New Delhi: Sage Publications (2001) 20.

신학을 점령하라

"당신들은 월가의 황소가 거짓 우상, 금송아지, 그리고 우리의 정신적 빈곤의 상징이 되었다는 것을 일깨워 준다. 그래서 우리는 이 나라에 경제적 정의가 있기 전까지는 정의와 같은 것은 있을 수 없다는 것을 일깨우기 위해 회당, 모스크, 교회로부터 와서 여러분과 함께 여기에 있다." 이것은 대항담론을 퍼뜨리고 세상을 재창조하고자 대안 정치를 실험하기 위해 공동체가 대담하게 공적 공간을 '점령'할 때 여전히 월가에서 울려 퍼지는 기도다.

공적인 영역에서 그러한 정치적 행위와 믿음이 무슨 관계가 있는가? '아랍의 봄'과 '월가 점령'의 정치학을 분별할 수 있는 신학적 기준은 무엇인가? 세계 시민사회에서 교회는 종교의 경계를 초월하여 모두를 위한 세상을 만들기 위해 함께 노력하는 것을 어떻게 증거하는가? 배제된 이와 갇힌 이의 개혁적인 언어에서 나오는 정치는 우리 시대의 신학계에 어떤 식으로 알려지는가?

우리가 공공신학에 대해 논의하는 맥락에서 마크 루이스 테일러의 저서 『신학적인 것과 정치적인 것: 세계의 무게에 대하여』는 시사하는 바가 크다. 이 책이 초월적 타자를 성찰하는 교리를 구성하고 전달하는 전문적 학문 분야인 '신학'과 "두려움과 공포와 희망의 한계 공간"을 나타내는 '내재적 초월' 표현으로서의 '신학적인 것'의 교차점에서 보여 주는 신학함의 기술은 깊은 통찰을 준다.

강요된 사회적 고통은 테일러의 신학적 상상력이 출현하는 맥락이다. 그는 '신학적인 것'이 내재적 초월을 식별하고 경험하는 장이 '정치적인 것'이라고 분명하게 제시한다. 테일러에게 '세계의 무게'는 사회적으로 강요된 고통이며 이 고통은 백인의 인종차별, 경제적 불평등, 성차별 및 공동체들을 '타자'로 만드는 다양한 방식 때문에 생긴다. 해방의 정치는 세계의 무게를 짊어질 수밖에 없는 공동체들의 투쟁 정치다. 이 공동체들은 단순히 그러한 무게에 짓눌린 희생자일 뿐만 아니라, 오히려 도덕적 주체성을 가진 공동체, 곧 해방 정치의 새로운 주체로서 무게를 가늠하는 데 헌신한다. "이렇게 무게를 가늠하는 일은 무게가 가중되는 모든 곳에서 일어난다. 교도소뿐만 아니라, 우리의 병약하고 늙고 정신적으로 고통받는 사람들이 수용되어 있는 방치된 장소에서, 빈민의 판자촌에서, 시체들이 쌓이고 방치되며, 버려지고, 일회용으로 간주되고, 마침내 아무런 설명도 없이 치워지는 모든 '가자'Gaza에서 일어난다."[13]

신학적인 것은, "투쟁 정치와 이로 말미암은 체계적인 사회적 고통에도 불구하고, 고통을 강요하는 체제의 구조들을 괴롭히고 동요시키며 어쩌면 해산시킬 수도 있는, 개인과 집단을 종속시키고 취약하게 만든 방식들을 추적하고 이론화한다. 신학적인 것은 대안적인 양식과 삶의 방식을 약속하고 요구하면서 약자들이 기계 속 유령처럼 고정되는 방식을 추적하고 성찰한다". 또한 이 하위주체들은 노래, 시, 서사, 구호, 낙서 등으로 신학적인 것을 표현하고 있으며, "그들은 세계의 무게를 짊어지고 있는 사람들의 질긴 힘을 구성하

---

13 Mark Lewis Taylor, *The Theological and the Political: On the Weight of the World*, Minneapolis: Fortress Press (2011) 46.

고 전달하지만, 또 무섭게 저항하고 번성하면서 무게를 가늠하고 있다".[14]

　테일러의 책은 하위주체가 놀라운 예술 양식을 전개하는 데로 우리를 초대하여 신학적인 것을 경험하게 하고, 따라서 해방적 정치의 한 부분이 되도록 한다. 이는 교리에 대한 형이상학적 추론에 골몰하는 동업자만의 안락한 신학의 안전지대에서 나와 달라는 초대다. 또한 신학적인 것을 초월과 내재를 넘어서는 변화의 지형으로 다시 상상해야 한다는 주문이다. 이는 "강요된 사회적 고통의 무게를 지고 있는 이들, 곧 민중의 여러 운동에서 활발히 기능하는 힘과 창조성, 삶의 활력"을 식별하기 위해 해방을 위한 정치에 투신하라는 초대이다.

하위주체 대항공론장으로부터 그리스도교 윤리 다시 상상하기

　펠릭스 윌프레드는 현시대 그리스도교 윤리를 다시 상상하려고 시도하면서 윤리적 식별과 실천의 급진적인 변화를 제안한다.[15] 여기에는 개인의 도덕에서 사회윤리와 생태윤리로의 전환, 공리주의와 결과주의에서 미학에 기초한 윤리로, 순응의 윤리에서 거부와 저항의 윤리로, 마침내 부르주아 윤리에서 하위주체 윤리로의 전환 등이 포함된다. 지배적인 부르주아 윤리에 대한 윌프레드의 묘사는 현

14　*Ibid.*, 12-13.

15　Felix Wilfred, "Christian Ethics in a Changing Asia", in *Gurukul Journal of Theological Studies*, vol. XX, no. 2, June (2009) 10-23.

대 부르주아 공론장 윤리와 닮았다. "선과 악, 옳음과 그름을 부르주아적 관점에서 바라본다. 또한 좋은 삶에 대한 관념도 마찬가지다. … 미리 정해진 세상의 질서와 관련된 의무에 대해서만 말할 뿐, 옳고 그름을 보고 판단하는 사회적 입장에 대해서는 관심이 없다. 경제적으로 적용된 부르주아 윤리는 정의를 공평으로 이해한다. 곧, 자기 이익과 결부되고 추진될 때 자동적으로 발생하는 어떤 것이다." 월프레드는 이런 맥락에서 하위주체 윤리의 이론적 근거를 설명한다.

하위주체의 윤리는 하위주체의 관점에서 현실을 보는 데에 전념한다. 이 일은 하위주체 대항공론장에서 제공된 윤리, 정치, 지식에 따른 대안적인 윤리적 판단과 실천을 필요로 한다. 월프레드에 따르면 그리스도교 윤리의 사회적 위치에서 이러한 전환은 하나의 복음적 명령이다. 그래서 하위주체 윤리로의 전환은 제자 직분의 여정이기도 한데, 이러한 전환은 지식과 정치와 윤리가 하위주체들의 정치적 실천과 불가분리적으로 연관되어 있다는 확신에서 비롯되기 때문이다. 현실에 대한 그들의 관점과 대안적 비전은 탈성화脫聖化된 세상과 사악한 사회경제적 관계들을 해석하고 또 치유할 수 있는 잠재력을 지닌, 더 나은 전망을 우리에게 제공해 줄 수 있다. 하위주체 공론장이라는 집단적 증언이 중요한 것은 이들이 보편적인 관점의 '진리'를 제시하기 때문이 아니라, 기존의 진리 체계를 약화하도록 도전하고 삶을 긍정하는 대안적인 윤리적 식별과 실천의 길을 열 가능성이 있기 때문이다.

하위주체 대항공론장과 관련하여 그리스도교 윤리를 어떻게 다시 상상하는가? 그리스도교 윤리는 민중의 해방적 비전을 실현하기 위해 그들의 도덕적 주체성을 되찾으려는 하위주체 정치의 용광로에서 이루어지는 신학적·윤리적 실천이다. 도덕적 주체성을 살리는 일은 신학적·윤리적 의무로, 민중의 자아 정체성 투쟁에서 힘을 불어넣는다. 그리스도교 윤리의 목적은 '주어진' 성경과 전통의 원천으로부터 그리스도교의 행동이나 태도를 이끌어 내는 것이 아니다. 오히려 엔리케 뒤셀이 옳게 지적한 것처럼, 윤리는 "해방의 미래 질서, 가난한 자와 억압받는 자에 대한 정의의 요구, 그리고 그들의 구원 계획"[16]을 의미한다. 생활세계의 식민화를 거스르는 하위주체의 투쟁은 구원된 지구라는 종말론적 전망을 미리 보여 주는 표징으로, 참된 그리스도교 윤리의 건립을 중재하는 담론적 장소이다.

이 기획에서 '주어진' 원천을 거부하는 것은 신학의 목적이 과연 무엇인가에 대해 의문을 제기한다. 한 공동체의 자아 탐색 속에, 그들의 생활세계가 재식민화되는 맥락 속에서 신학은 발생한다. 신학은 경전과 종교 전통을 함유하는 공동체의 '자원'이 제공한 실천이다. 이 탐험은 초우주론적 교리에 대한 형이상학적 추론도 아니고, 단지 '주어진' 자료를 번역하거나 현대 상황에 응용하는 것도 아니다. 오히려 신학은 철저하게 구원받은 세상이라는 전망에서, 인간을 비롯해 모든 생명을 상품화하는 "권세와 권력"이 중단시킨 생명의

---

16 Enrique Dussel, *Ethics and Community*, New York: Orbis Books (1988) 28.

움직임에 대한 위협을 문제 삼는다. 그렇다고 이런 경험적 현실에 '주어진' 교리를 적용하거나 하느님이 구체적인 상황에 개입하도록 요청하는 것은 아니다. 오히려 우리는 희생자들의 고난과 저항 속에서 특별한 방법으로 하느님과 만난다. 아르빈드 니르말은 이런 입장을 설득력 있게 표현한다. "이런 맥락에서 '본래적인' 것과 '주어진' 것은 우리 자신의 상황, 우리 자신의 역사, 투쟁, 우리 자신의 열망, 우리 자신의 두려움, 우리 자신의 희망이다. 하느님은 이것들 안에서 역동적으로 현존하시며 적극적으로 구원 활동을 펴신다. 우리가 복음의 발생과 형성을 식별해야 하는 장소가 바로 이곳이다."[17]

반 패권적 실천의 주체인 하위주체 대항공론장의 운동들은 복음이 발생하는 장소인 탈식민적 구원 사업에 참여한다. 그래서 이 운동들은 우리의 윤리적 방법을 근본적으로 전환하라고 도전하며, 이 도전은 그리스도교적 윤리의 실천을 위해 '주어진' 원천을 다시 생각하도록 우리를 초대한다. 주어진 원천을 재고하는 일은 우리의 고유한 지역적 맥락에서 구원된 지구의 개화를 구현하기 위해 윤리를 변혁적인 정치적 실천으로 변화시킨다. 이러한 정치적 실천은 "대지의 저주받은 사람들"이 이미 시작한 일이다. 이 일은 하느님과 함께 시작하지도 않고, 또 하느님에서 끝나지도 않는다. 오히려 세바스티안 카펜의 표현대로 신학적 실천은 하느님 나라의 도래를 증

---

17 Franklyn J. Balasundaram, *Prophetic Voices of Asia* - Part II. Colombo: Logos (1994) 81에서 인용.

거하는 투신 속에서 신인적神人的(theandric) 실천이 된다.[18] 희생자들이 저항 의식을 발전시키고 집단적인 자기 정체성을 되찾고 생활세계를 탈식민화하기 위해 투쟁하는 곳이면 어디에서든, 물 위를 맴돌던 성령이 존재론적으로 현존하며, '멸망의 종살이'에서 오는 파편적인 승리를 종말론적인 '하느님의 자녀들이 누리는 영광스러운 자유'의 선취로 바꾼다.

그와 동시에, 하느님 나라의 신인적 실천의 주체로서 하위주체 대항공론장의 운동들에 대한 신학적 확신은 운동의 고유한 경험에서 신학적 실천의 맥락을 강조한다. 달리 말해서, 사회운동의 변화무쌍한 실천에서 나오는 윤리적·신학적 성찰은 신학적·윤리적 주장을 총량화하는 것과는 근본적으로 대조된다. 이 성찰은 언제나 타당하다거나 보편적이라고 주장하지 않는다. 이러한 운동을 바탕으로 한 윤리적 성찰은 모든 윤리적 이론이 본래 임시적이라는 것을 확인시켜 준다. 래리 라스무센의 환경 정의 운동에 대한 성찰은 우리의 논의에 시사하는 바가 있다. "그들의 일은 불의라는 구체적인 상처에서 시작하고 점진적인 치유를 찾아 나가며, 마침내 하루에 흘린 땀을 상쇄할 만한 승리를 누린다."[19] 민중의 점진적이고 단편적이며 임시적인 승리, 곧 생존하고 자기를 재현하기 위한 승리들이야말

---

18 Sebastian Kappen, "Towards an Indian Theology of Liberation", in *Reading Indian Christian Theology*, vol. 1, R.S. Sugirtharajah and Cecil Hargreaves (eds.) London: SPCK (1993) 25.

19 Larry Rasmussen, "Environmental Racism and Environmental Justice: Moral Theory in the Making?", in *Journal of the Society of Christian Ethics*, 24, no. 1 (2004) 4.

로 종말론적인 것을 완전히 이 세상적인 것으로 만든다.

그러므로 하위주체 대항공론장에서 투쟁하고 또 기념하는 데에 적극적으로 참여함으로써 우리 시대에 그리스도교 윤리를 다시 상상하는 것이 가능해진다. 아룬다티 로이가 시적으로 표현했듯이, "끔찍하게 잘못되어 버린 세상을 다시 상상하기 위한 첫 단계는 다른 상상력을 가진 사람들, 곧 자본주의와 공산주의 (그리고 카스트와 가부장제도) 밖에서 상상할 수 있는 이들의 소멸을 막는 일이어야 한다. 무엇이 행복과 충만을 구성하는가에 대한 이해는 완전히 다르다. 이러한 철학적 공간을 얻기 위해서는, 과거의 수호자로 비치더라도, 정말로 우리의 미래를 위한 길잡이가 될 수 있는 사람들의 생존을 위해 약간의 물리적 공간이 필요함을 인정할 수 있어야 한다. 그러기 위해서는 통치자들에게 물어봐야 한다. 강에 있는 물과 숲에 있는 나무들을 그대로 둘 수 있는가? 광물 원석을 산에 있는 그대로 놔둘 수 있는가? 만약 그들이 할 수 없다고 말한다면, 아마도 그들은 자기들이 일으킨 전쟁의 희생자들에게 도덕성을 설교하는 것을 중단해야 할 것이다".[20]

---

20 Arundhati Roy, "The Trickledown Revolution", http://www.outlookindia.com/article.aspx?267040.

9장

아시아 교회들과 공공신학

이블린 몬테이로Evelyn Monteiro

종교는 다시 한번 공적 영역에서 매우 중요한 역할을 하기 시작했다. 그에 따른 영향으로 공공신학은 오늘날 세계적 · 지역적 · 다종교적 맥락에 대한 관심을 증가시켰다. 종교의 정치적 · 사회적 중요성과 교회의 사회참여 의무에 대한 인식이 높아지면서, 신학자와 신학 담론이 점점 더 주목받고 있다. 따라서 공공 생활의 주요 문제에 신학이 사려 깊게 참여해야 할 필요성이 그 어느 때보다 크다. 나는 공공신학이 공통의 사회적 의제를 입안하기 위한 동일한 기반 위에서 진보와 정의에 관심을 가진 다양한 집단을 끌어들일 수 있다고 본다.

아시아의 탈식민적 맥락에서도 가톨릭 신학은 학문적이고 도시문화 중심적이며, 베끼는 태도를 벗어나지 못했다. 신학은 오로지 '종교적인 것'만을 위해, 또 교회를 이끌고 신학교에서 가르치도록 정해진 이들만을 위해서 존재하는 듯했다. 교회는 좌파나 우파의 입장이 아니라 중립 아니면 균형을 지켜야 하는 것으로 여겨졌다. 이 때문에 가톨릭 신학은 공공 생활 및 시민사회와 단절되었고 그 결과 교회도 공공 문제와 예언자적 사명으로부터 거리를 두게 되었다. 교회는 서구 교육의 전달과 자선, 복지, 개발 사업을 촉진하는 것을 빼고는 아시아 사회의 정치적·문화적·경제적 현실에 거의 영향을 주지 못했다. 따라서 새로운 과제는 당대 경제적·정치적·문화적 문제에 관여하고자 하는 공공신학이 기본적이고 규범적인 전통 신학을 창조적으로 수용함으로써 공공 생활과 정책에 대한 일관된 그리스도교적 시각을 갖도록 하는 것이 될 것이다.

마틴 마티Martin Marty가 1981년 처음 사용한 '공공신학'(public theology)이라는 용어는 원래 벤저민 프랭클린이 1749년에 사용한 '공공 종교'(public religion)라는 용어를 수정한 것이다. 마틴 마티는 주류 개신교와 복음주의 개신교 및 가톨릭 교회에서 종교 간 차원이나 교회일치 차원에서 점점 개방적이 되어 가는 영역들 안에 공공 교회(public church)가 견고하게 존재한다고 본다. 공공 교회가 정의와 정의로운 사회에 대해 깊은 종교적 통찰로써 기존의 사회적 관행과 문화적 이해를 검토하고 비판할 때 공공신학을 수행하는 것이다. 지난 수십 년 동안, 우리는 세계 교회들이 매우 다양한 상황에 있다는 것을 깨달았고 또 서로 크게 다른 상황에 의해 도전을 받고 있다는 것을 더 잘 인식해 왔다. 따라서 아시아 교회들에 요구되는 공공신학도 사회문화적·정치적 상황에 따라 다르다. 제2차 바티칸 공의회 이후 아시아 주교회의 연합회(FABC)와 아시아기독교협의회(CCA)의 신학적 성찰은 공적인 영역에 더 많이 참여하는 신학을 지지하지만, 앞서 언급한 것처럼 (호전적이지 않은) '균형을 잃지 않은' 입장을 견지했다.

이 장의 초점은 아시아 교회들에서 공공신학이 적합한가 하는 문제다. 우리는 신학적 논의를 그리스도교 공동체에만 국한하지 않고 공적 영역에 있는 모든 사람을 포함하려 한다. 이 장에서는 몇몇 신학 개념을 분명히 하고 아시아 공공신학의 범위와 또 아시아 교회들이 다루어야 할 공공 생활의 주요 문제와 관심사를 논의하려 한다. 또한 공공신학과 아시아 교회들을 연관 관계 속에서 파악하려는 것으로 글을 마무리하고자 한다.

일부 용어 설명

아시아 교회인가, 아시아 교회들인가

신학은 교회가 사회-역사적 뿌리뿐 아니라 신적인 기원을 가지고 있다고 설명한다. 이 신-인적 모임은 객관적이고 역사적으로 접근하고 경험하고 비평할 수 있지만 그럼에도 수세기 동안 다르게 이해되었다. 시대마다 사회적 상황과 지배적인 신학들은 해당 지역의 자기 이해를 결정했고, 종종 한 가지 측면, 곧 신학적인 면이나 아니면 인간적인 면이 강조되었다.[1] 그러나 다양한 자기 이해는 결코 분열을 의미하지 않으며 교회가 본성상 항상 열려 있고, 따라서 그리스도의 메시지를 의미 있게 만들기 위해 시대의 징표를 읽을 수 있다는 사실을 증거한다.

교회는 지역의 모습을 한 인간적 교회가 되어야만 그리스도의 메시지를 선포할 수 있다. 교회는 오직 지역의 모임(에클레시아)이 되면서 사람들의 사회문화적인 관심에 응답할 수 있다. 복음과 문화가 서로 만나서 영향을 주고받으면서 활기찬 교회를 만들 수 있다. 이러한 교회적 차원은 FABC의 성명서에도 반영된다. "교회의 신비는 교회가 처한 사회문화적 환경 안에서 영적 실재로, 그리고 매우 굳건히 '땅에 뿌리내린 것'으로 이해되어야 한다."[2]

아시아 국가들은 몇 가지 공통 경험을 특징으로 하지만 독특한 사회적 과제와 관심이 있는 독특한 사회문화적 맥락들을 지닌다. 그러므로 이러한 모든 차이점에 대한 지식을 가지고 있다고 주장하는 것은 오만이며, 아시아의 모든 교회들을 하나로 묶어 단일한 '아시아 교회'에 대해 말하는 것은 부적절할 것이다. 아시아의 복잡한 사회정치적·역사적 현실, 모자이크처럼 다양한 민족과 언어, 또 문화와 종교 전통의 놀라운 다원성을 가진 '아시아 교회들'이라는 개념은 아시아에 있는 교회들의 친교 안에서 각 교회의 독특한 지역성을 표현한다.

---

1 Henri de Lubac, *Catholicism*, London: Burns & Oates (1950) 218.

2 "Theses on the Local Church", *FABC Papers*, 60, Hong Kong (1990) 12.

시민사회와 공공신학

시민사회의 관심사는 공공신학의 소재이다. 시민사회는 사회적 권리를 옹호하고 정치 및 경제 정책에 영향을 미치려 하는 비정부적·비기업적·비시장적 집단의 목소리로 이해된다. 그러나 그 목소리는 대개 농촌의 관심사를 대변하는 것이 아니라 부르주아의 목소리라는 주장이 제기되어 왔다. 시민사회가 하위주체의 담론 형성을 위한 공간을 제공하지만, 어떠한 권력도 주변부로 기꺼이 이양하려 하지 않는다. 펠릭스 월프레드는 "사람들은 시민사회를 결사의 자유, 표현의 자유 등과 연관시킨다. 그러나 주목할 점은 그러한 자유가 불평등과 공존할 수 있다는 것이다. 이는 우리가 달리트, 토착부족, 하층 계급의 여성 등 주변부 사람들과 집단의 관심사를 시민사회의 영역에서 배제했다는 뜻"[3]으로 본다. 비슈누 모하파트라Bishnu N. Mohapatra는 더 나아가 "시민사회의 모든 집단이 동등하게 협회를 만들 능력이 있는가? 협회나 조직망을 만들어 자신의 이익이 합법적으로 인정받게 할 수 없는 위치에 있는 사람들은 어떠한가? 국가가 특정 집단의 존재조차 인정하지 않으려 할 때 어떻게 되는 것인가?"[4]라고 묻는다.

---

3 Felix Wilfred and George Thadathil (eds.) "Christian Community and Civil Society", *Community and Identity Consciousness*, Chennai: Department of Christian Studies, University of Madras (2004) 157-181.158.

4 Rajesh Tandon and Ranjita Mohanty, "A View from the Subalterns - The Pavement Dwellers of Mumbai", *Does Civil Society Matter? Governance in Contemporary India*, Delhi: Sage Publications (2003) 293.

다행히 시민사회는 침묵을 강요당하고 억눌린 사람들의 문제를 포함시키고 받아들이기 시작했다. 공공신학자에게 중요한 질문과 답은, 보편 교회나 지역 교회들이 주변부 사람들의 관심사를 포함하는 더욱 포괄적인 시민사회의 일부인가 하는 것이다. 곧, 시민사회는 신적 기원을 가지고 있고 '사회 위의 사회'(a society of above societies)라고 주장하는 교회를 시민사회의 일부로서 인정하는가 하는 물음이다. 문제는 시민사회가 제기한 문제에 교회가 빈번하게 공명하지 않는다는 사실이다. 많은 국민국가에서 교회들은 시민사회가 비판하는 정부의 정책을 지지한다.

아시아 교회에서 공공신학의 범위

상대적으로 새로운 학문인 공공신학은 그리스도교 신앙이 사회 전반의 문제를 다루는 방식과 관련이 있다. 공적인 관심사와 관련이 없는 그리스도교 신앙과 교리는 시대에 뒤떨어진다. 공공신학의 기획은 매우 포괄적이어서 그리스도인뿐 아니라 모든 인간에게 적합하다고 상정한다. 아시아의 다문화적·다종교적 맥락에서 유래하는 이러한 이해는 아시아 맥락에서 극히 중요한 부분이다. 공공신학은 '개종'을 추구하는 것이 아니라, 사람들이 자기 신앙과 사회가 직면한 실질적인 문제 사이에서 연결될 수 있는 자원을 제공하고자 한다. 공공신학은 계급, 신조, 카스트, 인종과 상관없이 모든 사람의 안녕을 추구하므로 포용적인 신학이라고 할 수 있으며, 절충적이거나 상대주의적인 신학과는 거리가 멀다.

공공신학은 그 담론을 정치적 문제에만 국한하지 않는다. 예술, 문화, 환경, 의료, 기술 등 다양한 공적 문제와 관련이 있기 때문에 훨씬 더 광범위하다. 아시아 공공신학은 공적 구조에 참여하는 길을 찾으면서 정의와 진리와 구원에 대한 하느님의 관심을 통해 복잡하고 다양한 아시아 상황에서 하느님의 활동에 대한 더 큰 이야기에 주목한다. 그러므로 공공신학은 기본적으로 사회와의 관계에 대한 예언자적이고 변혁적인 신학적 성찰이다. 상황이 '좋지 않은' 곳에 '복음'을 선포하려 하기에 예언자적이고, 침체된 사회에서는 변화를 목표로 하기 때문에 변혁적이다. 또한 공공신학은 아시아 교회들이 기본적으로 지역적이지만 세계 교회와도 친교를 이루고 있음을 일깨운다. 왜냐하면 사회적 문제와 관심사는 공통적이며 따라서 인류의 연대를 요구하기 때문이다. 아시아 교회들의 사명 역시 공통적이니, 곧 모두가 생명을 얻고 또 얻어 넘치게 하려는 데 있기 때문이다.

공공신학은 아시아 교회를 공적인 교회로 전환시킬 수 있으며 이는 아시아 사회와 교감하기 위해서도 반드시 필요하다. 공공신학은 신앙이 사적이기보다는 인격적이고 사회적인 신앙이 되도록 채근한다. 공적인 교회가 된다는 것은 교회가 저잣거리로 뛰어든다는 것뿐 아니라 사회의 집단적 열망을 지닌 모든 사람에게 교회의 문을 개방한다는 것을 의미한다. 이는 아시아에서 여러 일을 통해 계획한 사명을 재조명하고 재정의하는 데에 아시아 교회가 참여할 것을 요구한다. 이러한 사명의 개혁은 변화하는 시대와 대화하는 법을 배우고, 아시아에서 사회문제에 민감한 교회를 만들기 위한 여건을 조성하는 데 있다. 이는 사회적 관심사를 중요하게 생각하는 교회가 전처럼 교회 내적인 필요와 신자에게만 중점을 두는 교회가 될 수 없다는 것을 뜻한다. 공공신학은 교회가 하느님과 '하느님의 선교'(missio Dei)의 깊이를 이해하고 종교, 문화, 민족이 다원화된 아시아 상황에서 교회가 되는 것이 무엇을 의미하는지, 그리고 빈곤과 착취의 극한 상황에서 교회가 되는 것을 성찰할 수 있게 한다. 오늘날 많은 사람에게 교회는 여러 진리 주장 가운데 단지 또 하나의 진리 주장으로 여겨지겠지만, 그리하여 이 모든 것이 상대적인 것으로 보이겠지만, 교회가 공적인 역할을 해야 한다는 사실에는 논쟁의 여지가 없다.

아시아의 공공 생활

사회 사상이 없는 공공신학은 결코 공적이거나 해방적이 될 수 없다. 나는 아시아와 아시아 교회들의 사회적 실상을 알고 있는 척하지 않는다. 하지만 아시아 공공 생활의 놀랄 만한 현실에 대해 간단히 논의하고자 한다. FABC는 아시아 맥락을 특징짓는 세 공통점이 문화의 다원성과 종교들과 가난한 사람들이라는 것을 명확히 밝혔다. 따라서 아시아 교회들의 세 핵심 과제는 토착화와 종교 간 대화 그리고 해방이다. 아시아 교회들의 목소리 역할을 해 온 FABC에게는, 이러한 과제들이 교회의 예언자적 복음화라는 하나의 사명과 밀접하게 연관된 세 차원이라는 것을 강조하는 일이 무척 중요했다. FABC 제7차 총회에서는 이를 다음과 같이 간결하게 정리하고 있다.

이러한 문제들은 따로 논의되어야 할 주제가 아니라, 사랑과 봉사라는 우리의 사명을 향한 하나의 통합적 접근에 담긴 여러 측면이다. 우리는 '통합적으로' 느끼고 행동할 필요가 있다. 우리는 21세기가 요구하는 것을 직면하면서, 아시아인의 심성으로 가난하고 소외된 이와 연대하고, 또 그리스도교의 모든 형제자매와 하나가 되어 많은 다양한 신앙을 가진 아시아의 모든 남녀와 손을 잡음으로써 그렇게 행동한다. 토착화와 대화, 또 가난한 이들을 위한 우선적 선택과 정의는 우리가 하는 모든 일에 연관되어 있다.[5]

아시아의 공공 생활에 광범위하게 악영향을 주며 아시아 그리스도인이 능동적으로 대응하도록 동기를 줄 수 있는 공공신학을 요구하는 몇 가지 중대한 문제에 대해 강조하고자 하는데, 그것은 하나의 임무에 삼중의 과제가 겹친 넓은 영역 안에 있다. 자주 생명을 위협하고 침해하는 구조는 지구적 차원과 대륙에서 모두 증가하고 있으며 사회, 경제, 정치, 문화, 종교적인 공공 생활의 어떤 측면도 그대로 놔두지 않는다. 오늘날 아시아 교회들은 생명에 봉사하는 자신의 투신에 대해 성찰하도록 도전받고 있다.

경제 현실

대부분의 아시아 국가 경제 기반은 어둡고 다른 나라들도 전망

---

5 "A Renewed Church in Asia: Pastoral Directions for a New Decade", *FABC Papers*, 95, Hong Kong (2000) 8.

이 그리 밝지 않다. 윤리에 관심이 없고 미래가 아니라 오늘만을 살라고 부추기는 새로운 소비주의와 경쟁의 문화가 아시아 대륙을 침략했다. 정치적 정의가 실종되어 천연자원을 고갈시키고 아시아인들의 곤궁함을 증가시켰다.[6]

세계화가 주도하는 자유주의 경제에서 대중매체는 욕망을 조장해 "오늘 부자된다"는 만족감에 젖게 한다. 그런 선전은 이어 부패, 뇌물 그리고 다른 비윤리적인 관행에 길을 놓는다. 결과적으로, 어떤 시민도 부패하고 반사회적이며 불의한 구조로부터,[7] 또 상업화로부터 도망가지 못한다. 자유주의 경제는 인간을 포함한 모든 것을 시장에서 매매 가능한 상품으로 본다.

미래를 내다보는 조상의 지혜로운 삶의 양식 덕분에 누려 온 오래된 생태계 균형은 오늘날 단기적인 경제적 이득을 위해 희생된다. 아시아의 숲과 수자원이 조직적이고 무정부적으로 파괴되고 있다. 온실효과와 오염, 또 늘어만 가는 자연재해는 환경이 파괴되고 자연과의 조화가 깨진 결과이다. 예언자적 행동에 진지하게 참여하는 것만이 이 시장의 공세를 막을 수 있다. 상황이 이렇다면 경제 문제는 아시아 공공신학과 그 신학화 과정의 필수적인 부분이 되어야 한다.

---

6 최근 유엔 식량농업기구(FAO) 보고서에 따르면 전 세계 65억 인구 중 6분의 1이 굶주리고 있으며, 이들 중 대다수가 아시아 대륙에 산다.

7 "On Being Human in the Changing Realities of Asia", *FABC Papers*, 133, 22-23.

정치 현실

지난 세기에야 비로소 아시아의 많은 나라가 정치적으로 독립했다. 그러나 독립한 뒤에도 여전히 정치적 안정을 찾고 있다. 그러한 안정이 없이는 발전이 불가능하기 때문이다. 불행하게도 많은 아시아 국가의 경제는 서구와 서구의 정치에 의존하기 때문에 정치적 의제가 뭐냐에 따라 영향을 크게 받는다. 특히 가난한 사람들은 권력을 잡기 위한 표밭으로만 여겨진다. 절대 양보할 수 없는 권력에 대한 욕망, 선거 때 가난한 사람들에게 행해진 거짓되고 비현실적인 약속, 국가 체계의 오용과 남용, 인종, 카스트 그리고 종파적 문제들에 대한 값싼 논쟁 ― 이것들은 인간의 권리와 품위 있는 삶을 빼앗는 가장 나쁜 관행이다.[8]

정치권력은 스스로를 제왕적이고 봉건적으로 영속하고자 하는 지배계급이나 카스트 또는 종족 집단과 동의어이다. 헌법이 불가촉천민이라 불리던 달리트 같은 소수자나 하위 집단에게 부여한 권력과 권리가 있는데도, 이들은 여전히 경제적 힘과 종교 권력을 거머쥔 이들에게 통제된다. 오늘날 권력의 소유자는 대기업, 지주, 마피아 같은 조직적 범죄자 무리, 중산층과 상류계급이다. 하위주체의 운동은 더 많은 권력의 배분을 요구한다. 상층계급과 상위 카스트는 위협을 느끼고, 무슨 수를 써서든 하위주체를 매수하려고 하며 성공하지 못할 때는 폭력으로 이들을 침묵시키려 한다.[9] 정책 입안이나

---

8 *Ibid.*, 36.

9 T.K. John, "Christian Commitment to Nation Building", in Anthoniraj Thumma &

집행 같은 정치적 과정을 공공신학에 포함시키는 일은 아시아 교회론에 매우 필요한 정치적 차원을 제공할 것이다. 아시아 교회들은 공정하고 참여적이며 민주적인 통치를 촉진하기 위해 국가들의 정치적 삶에서 해야 할 중요한 역할이 있다.

인권과 존엄성 침해: 빈곤, 여성, 달리트, 부족, 청년, 환경

FABC는 아시아 민족에게 엄청난 비인간적인 가난이 존재하는 것을 목격하면서 사회정치적 · 경제적 해방을 교회 활동에서 최우선 순위로 본다. 가난한 이에 대한 우선적 선택과 억압받고 소외된 이와의 연대, 특히 이주민과 난민, 부족과 달리트, 어린이와 여성과의 연대는 모든 FABC 문서에서 꾸준히 강조돼 왔다.[10] 아시아 주교대의원회의(1998)도 세계화에 의해 소외되는 것을 막는 교육을 촉진하면서 인간을 비롯한 우주의 모든 생명 보호에 관심을 모았다.[11]

여성은 가장 소외된 집단 중 하나다. 여성은 사회, 국가, 교회의 주류 생활에서 제외된 채로 남아 있다. 여성은 단순히 배제된 것이 아니라 가장 무력하고 누구도 대변하지 않는 집단으로 남아 있다. 대부분의 아시아 국가에서 여성이 정치와 다른 공공 생활의 영역에서 자기 목소리를 대변하지 못하는 이유는 삶의 주요 영역에 여성적

Alphonse D. Sahayam (eds.) *Christian Commitment to Nation Building*, Bangalore: Dharmaram Publication (2003) 119-178.152-153.

10 Peter C. Phan, *In Our Own Tongues, Perspectives from Asia on Mission and Inculturation*, New York: Orbis Books (2003) 25.

11 교황 요한 바오로 2세의 아시아 주교대의원회의 후속 권고 「아시아 교회」 35-41.

인 사고방식이 없기 때문이다.[12] 게다가, 여성의 권리와 존엄성, 의사결정 과정과 권리 부여에 참여하는 일은 적절하게 다루어지지 않는다. 여성 이주 노동자들은 해고와 실업의 불안감에 노출되어 있다. 여성은 계속해서 성적 착취, 강제 노동, 여아 살해, 성적 학대, 폭력에 맞서고 있다.

국가를 건설하기 위해서는 "참여 민주주의를 위한 정치, 성평등 관계를 재구축하기 위한 정치"[13]가 필요하다. 전통적이고 가부장적인 구조가 계속 지배하고 있는데 어떻게 국가가 발전하고 번영할 수 있겠는가? 어떤 나라도 여성의 기여 없이 발전은 불가능하다.[14] 공공신학에서 이러한 문제를 다루고 좀 더 포용적인 아시아 공공신학을 발전시킴으로써 아시아 교회가 세계의 절반인 침묵하고 소외된 여성의 목소리를 낼 수 있게 될 것이다.

교회는 "모든 인간의 삶의 중요한 시기로서 청년에 특별한 중요성을 부여한다"[15]고 평가한다. 2002년의 한 연구는 "현재 젊은 층이

---

12 예를 들어, 인도 헌법 14-16조는 모든 시민에게 동등한 기회와 동등한 법의 보호를 보장한다. 종교, 카스트, 성별에 따른 차별이나 다른 어떠한 차별도 용납되지 않는다. 제39조는 적절한 생계수단을 위한 남성과 여성의 동등한 권리, 동일노동에 대한 동일임금을 명시한다. 그러나 현실은 정반대다. 여성이 전체 인구의 50%에 가까운데도 국회에서 8%, 주의회에서는 10%, 내각에서는 13% 이상의 여성이 대표를 한 적이 없다. 의회 내 여성 의석 33%를 제안하는 법안이 의회에 계류 중이다.

13 Kumar Anand (ed.) *Nation Building in India: Culture, Power and Society*, New Delhi: Radiant Publishers (1999) 141.

14 Ambrose Pinto, "India: Whose Nation Is It?", in Anthoniraj Thumma & Alphonse D. Sahayam (eds.) *op.cit.*, 5-28.17.

15 요한 바오로 2세의 교서「전 세계의 젊은이들에게」1.

아시아에서 가장 큰 집단"이라고 보고했다. 공동체 의식, 확고한 용기, 정치에 대한 관심, 이상주의가 오늘날 아시아 청년을 특징짓는다. 사실, '인터넷 세대'는 아시아 청년의 현재를 집단적으로 묘사하는 용어일 수 있다. 아시아 젊은이는 온라인 네트워킹, 블로그, 트위터, 지식 공유 사이트를 통해 초국가적인 관계를 맺고 새로운 형태의 관계를 형성한다. 휴대전화는 아시아 청년을 위한 가장 보편적인 인터넷 플랫폼이 되고 있다. 미디어와 기술이 인간 사이의 소통과 연대를 촉진하는 반면 소외와 고립을 낳는 것은 역설적이다.[16] 디지털 문화의 등장으로 디지털 시대 청년과 디지털 시대 원주민인 성인 사이의 소통이 더 벌어져 간다.[17] 아시아 교회가 디지털 시대의 도전에 부응하고 청년이 제기하는 새로운 질문에 답하기 위해서는 공공 신학이 매우 중요하고 심지어 필수불가결한 것일 수도 있다.

다종교 전통이 살아 있는 아시아에서는 종교적 근본주의, 문화적 민족주의, 테러리즘, 극단주의, 폭력 등의 현상이 늘고 있다. 이것들은 인간 존엄성과 권리를 침해하는 주요 원천이다. 한 종교를 국교로 삼은 아시아 국가 중에는 다원주의 정신을 거스르고 다른 종교를 믿는 이들의 종교의 자유를 박탈하며, 이들을 잘해야 2등 시민으로 취급하는 나라도 있다. 민주적이고 세속적이라고 주장하는 다른

---

16 교황 베네딕도 16세의 제43차 홍보주일 담화문(2009년 5월 24일), "존중과 대화와 우정의 문화를 촉진하는 새로운 기술과 새로운 관계" 참조.

17 Cf. *FABC Papers*, no. 133, 16-19. 대중매체는 전통적으로 권위적인 인물과 경쟁하는 대안적인 전문가 시스템을 창조해 왔다.

나라조차 점점 더 다양성을 받아들이지 않고 소수 종교 집단을 차별한다.[18]

아시아 교회들은 공공 생활에서 예언적 목소리를 높이고 있는가?

아시아 교회론은 무르익지 않았거나, 아니면 스스로 감당해야 할 어려운 질문을 던지지 않았거나, 공공적 참여를 위한 도전을 진정으로 받아들이지 않았다. 전통적인 서구 신학은 아시아에서 선교 팽창과 맞물린 식민지 시대와 그 이후에 식민주의라는 화분을 깨뜨리지 않고 아시아 땅에 그대로 옮겨 왔다. 이어 서양의 신학적 개념을 아시아 언어로 수용하기 위한 노력이 이루어졌다. 제2차 바티칸 공의회가 끝난 뒤에 등장한 아시아 종교신학은 아시아 종교 전통에서 하느님이 계시하시는 방식을 연구하고 이 종교들의 신앙과 실천을 이해하고자 했다. 토착화 기획은 신앙에 대한 해석과 선교 활동을 그리스도교 영역, 특히 그리스도인의 신앙과 생활 영역에 국한시켰다.[19] 아시아 해방신학이 등장하면서 비로소 아시아 교회가 사회정치적 현실에 참여하도록 동기를 부여했다. 오늘의 과제는 아시아 교회가 공적인 대의에 예언자적으로 헌신할 수 있게 하는 공공신학과 기존의 아시아 종교신학 및 아시아 해방신학을 서로 연결하는 것이다.

교회는 공공 생활에 진지하게 참여할 준비가 되어 있는가? 이는

---

18 「민족들의 발전」30.31;「백 주년」52 참조.

19 Felix Wilfred, *Asian Public Theology, op.cit.*, xvi-xix.

교회 지도자와 신학자가 깊이 숙고해 대답해야 할 질문이다. 그리스도인이 사회변혁에 참여할 적절한 도구와 지원 체계가 있는지 여부도 따져 볼 필요가 있다. 소외된 이들, 특히 여성, 달리트, 부족민에게 힘을 주고 이들이 헤쳐 나갈 수 있도록 어떤 구체적인 조치를 취했는가? 우리는 정말로 사회 변화를 이루기 위해 평등하고 참여적인 교회 공동체를 만들어 나가고 있는가? 아시아 교회는 다시 한번 이러한 단순하지만 근본적인 질문을 시작할 필요가 있다.

아시아 교회들과 공공신학

　종교개혁 직전 소집된 제5차 라테란 공의회(1512~1517)는 가톨릭 개혁에 대한 당시 지배적인 이해를 확인했다. 곧 인간을 변화시키는 것은 교회이지, 교회가 변하는 것은 아니어야 한다는 내용이다. 이런 고전적 관념은 교회가 역사의 영향을 받지 않고 역사를 지나왔다고 가정했다. 그러나 450년 뒤, 공의회의 급진적 관점 변화는 "문화적 고립의 입장을 끝내고" 교회 안에서 새로운 표현과 행동의 자유를 시작함으로써 세계와 관계를 맺을 것이라는 목표를 분명히 했다. 현대 세계의 교회에 관한 사목헌장 「기쁨과 희망」은 교회와 세계의 관계에 대한 가톨릭의 이해에 결정적인 순간임을 보여 준다. 세상은 하느님과 반대되는 것으로 이해되지 않고, 오히려 창조와 자연과 사회의 총체성으로 인식되며, 어떤 형태의 일도 "창조주의 활동을 펼치고 자기 형제들의 이익을 돌보며 개인의 노력으로 하느님의 계획을 역사 속에서 성취시키는 데에 이바지"[20]한다는 것이다.

공의회가 끝난 뒤, 교회는 더 정의롭고 인간적인 세상을 위한 사회 변화에 관심을 표명했다. 이는 교회가 가난한 이와 노동계급의 편에 서기 위한 중요한 첫 단계인 교황 레오 13세의 「새로운 사태」에서 출발했다. 가난한 이를 선택한 레오 13세의 태도가 변화를 암시하기는 했지만, 그는 가톨릭 신자들이 어떤 노동조합의 노동자들을 지지하거나 이들에게 동참하는 것을 바라지는 않았다. 그 뒤 교황 비오 11세는 자본주의 모델에 도전했을 뿐만 아니라 교회가 사회의 주요한 사회정치적 변화의 주체가 되라고 요청했다. 그는 서한 「견고한 일관성」[21]에서 극단적인 상황에서는 저항이 정당화될 수 있다고까지 했다.

회칙 「민족들의 발전」(1967)에서 교황 바오로 6세는 전 세계에서 어떤 일이 벌어지고 있는지를 다루면서, 식민주의로부터 물려받은 악영향과 현재의 신식민지적 상황에 대한 빈곤의 원인을 추적한다. 그는 구조 변혁과 모든 민족의 통합적 발전에 대한 교회의 헌신을 요구한다. 「팔십 주년」(1971)에서는 경제문제에 대한 정치적 해결의 필요성을 인식하면서, 사회의 평등한 질서를 구현하는 일을 주로 다룬다. 1971년 세계주교대의원회의 제2차 총회 문헌인 「세계 정의」는 정의를 추구하고 세계를 변화시키는 모든 행동이 하느님의 나라

---

20 「기쁨과 희망」 34항.

21 *Firmissimum Constantiam.* 교황 비오 11세의 이 서한은 1937년 멕시코 가톨릭 신자들을 대상으로 한 것이다. — 옮긴이 주

를 선포하고 확립하는 교회 사명의 구성적 차원임을 더욱 강한 어조로 단언한다.

교황 권고 「현대의 복음 선교」(1975)는 인간을 타락시키는 모든 종류의 억압에서 해방되는 것을 증거하고 촉진하는 것이 교회의 임무라고 강조한다. 교황 요한 바오로 2세는 「노동하는 인간」(1981)과 「사회적 관심」(1987)에서 다른 사람이나 계급에 대한 투쟁이라기보다는 정의를 위한 투쟁으로서의 연대를 말한다. 연대는 대립을 배제하지는 않지만 그렇다고 대립적 투쟁과 동일시되지는 않는다.[22]

FABC 문서의 전체 기조는 "아시아에서 교회로 존재하는 것"의 함의와 도전을 다룬다. 교회의 사회적 가르침의 특정 경향은 이러한 문서에서, 특히 가난한 이를 소외시키는 억압적인 시스템에 대한 이 문서의 비판에서 명확히 드러난다.

오늘날 복음이 널리 퍼질 수 있는(사도 12,24) 매체는 공적인 생활이다. 예수의 하느님 나라를 위한 사명은 성전에서가 아니라 정치-사회의 무대에서 수행되었다. 아시아 교회들은 인간의 투쟁과 희망의 공적 공간에서 예수의 삶을 다시 체험해야 한다는 도전을 받고 있다. 교회는 공공 생활에서의 담론과 운동에 적극적으로 참여함으로써 아시아 공공신학을 발전시켜야 한다. 오늘날 문제는 사도 시대의 교회 공동체가 한 것처럼 어떻게 교회가 공적 운동이 될 수 있느냐 하는 데에 있다. 마이클 아말라도스는 "교회가 세상에 상징적이

---

22 Dominic Velliath, *The Theological Basis of Christian Commitment to the Nation*, in Anthoniraj Thumma & Alphonse D. Sahayam (eds.) *op.cit.*, 75-117.

고 예언자적으로 현존함으로써, 또 그것을 위해 적극적으로 노력함으로써 사회를 우주신인론적(cosmotheandric) 친교의 장으로 변화시킬 필요가 있다"[23]고 제안한다.

사회를 우주신인론적 친교의 장으로 변화시키기 위해서는 아시아 교회들이 공공 생활에 전념하도록 신학적 틀을 전체적으로 그려 볼 필요가 있다. 교회가 공공 생활에 투신하는 목표가 하느님 나라라는 것은 의심의 여지가 없다. 오늘날 아시아 교회들이 직면하고 있는 다음과 같은 몇 가지 문제는 공공신학에서 다루어져야 한다.

• 그리스도인들 사이에 친교가 없는 것은 하느님 나라의 가치에 반하는 주요 증거이다. 한 도시에서만 교파가 시리아 가톨릭, 로마 가톨릭, 말란카라Malankara 가톨릭,[24] 성공회, 감리교, 야곱파, 장로교, 루터교 … 등 무척 많은데, 이들 사이에 교감 없이 서로 따로 따로 기능하고 있다. 또한 인도 그리스도인조차도 카스트, 종족, 성별을 바탕으로 차별하고 있기 때문에 이는 공공 생활에 효과적으로 헌신하고 공헌하는 데 주요한 걸림돌로 작용한다.

• 지나치게 제도화된 교회의 구조는 그리스도인이 사회적 · 시민적 · 정치적인 장에서 멀리 떨어지게 한다. 이곳에서는 사회적 ·

---

23 Michael Amaladoss, "A New Way of Being Christian in India Today, Theological Reflections", in Antony Kalliath & Francis Gonsalves (eds.) *Church's Engagement in Civil Society: A New Way of Being Christian in India Today*, Bangalore: Asian Trading Corporation (2009) 143.

24 시리아 가톨릭 교파의 하나로, 시로-말라바르와 시로-말란카라로 나뉘며 사도 베드로가 아니라 사도 토마스를 수호성인으로 따른다. — 옮긴이 주

시민적 · 정치적 과정이 시작되고, 또 결정이 내려지고, 정책이 수립되기도 하기 때문에 중요한 공간이다.

• 철학 · 신학적 양성과 국민의 사회문화적 · 정치적 특성이 조화를 이루지 못했다.

결론

공공신학은 반드시 사회-역사적 · 문화적으로 분석하고 끊임없이 사회문제에 관심을 집중하는 것을 포함해야 한다. 학문적 신학에 가장 큰 도전이 되는 것 가운데 하나는 신학의 한 가지가 다른 가지를 자라나게 하도록 힘쓰는 것이다. 신학의 갈래로서 해방신학이나 공공신학의 등장은 전통적인 신학적 방법론이 현대의 문제와 요구에 대응할 수 없음을 인정한 것이다. 비록 신학교 교육과정에 사회적 분석을 포함시켰지만 많은 아쉬움을 남긴다. 답이 주어지기는 했지만, 단순하면서도 현실과 관련된 질문은 제기되지 않는다. 사회분석은 그냥 한 번으로 끝이고 그 뒤 신학적 논쟁의 토대로 다시 초대받지 못한다. 이는 아시아 교회들이 아시아 사회의 도전과 가장 뜨거운 현안에 대응하지 못하는 한 가지 이유일 수 있다.

K.C. 에이브러햄
인도 방갈로르 'SATHRI'의 전 소장, 전 '제3세계 신학자 협의회'(EATWOT) 의장

마이클 아말라도스 S.J.
인도 첸나이 '문화와 종교 대화 연구소'(IDCR) 소장

가브리엘레 디트리히
풀뿌리 페미니스트 활동가, 사회학 및 신학 교수

P.T. 매튜 S.J.
인도 델리 비드야조티 신학대학 교수

이블린 몬테이로
인도 푸네 자나디파 비드야피트(JDV) 신학과 교수

로웨나 로빈슨
인도 뭄바이 공과대학(IIT) 교수

D. 존 로무스
인도 콜카타 모닝스타 대학(MSC) 교수

펠릭스 윌프레드
인도 첸나이 '아시아 문화 연구 센터'(ACCS) 창립자 겸 소장

조지 재커라이어
인도 방갈로르 연합신학대학(UTC) 윤리학 교수